아이들을
살리는
동네

아이들을 살리는 동네

초판 1쇄 발행 2013년 3월 13일
초판 3쇄 발행 2020년 12월 31일

지은이 문재현, 신동명, 김수동
펴낸이 김승희
펴낸곳 도서출판 살림터

기획 정광일
편집 조현주
북디자인 구화정 page9

인쇄·제본 (주)신화프린팅
종이 (주)명동지류

주소 서울시 양천구 목동동로 293, 22층 2215-1호
전화 02-3141-6553
팩스 02-3141-6555
출판등록 2008년 3월 18일 제313-1990-12호
이메일 gwang80@hanmail.net
블로그 http://blog.naver.com/dkffk1020

ISBN 978-89-94445-38-0 03370

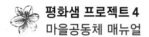

평화샘 프로젝트 4
마을공동체 매뉴얼

아이들을 살리는 동네

참여 • 소통 • 보살핌의 공동체

문재현·신동명·김수동 지음

살림터

아이들에게는 마을이 필요하다

평화샘 프로젝트는 책임연구원인 필자의 개인적 경험으로부터 시작되었다. 두 아들이 학교 폭력 피해를 당한 후 교사와 아이, 부모가 함께 할 수 있는 프로그램을 찾았으나 발견할 수 없었다. 그래서 북유럽의 이론과 실천적 경험을 연구하면서 해결 방안을 모색했고, 아이들을 고통으로부터 구해낼 수 있었다. 특히, 올베우스 프로그램의 도움을 많이 받았다. 그 후에 올베우스 프로그램의 여러 가지 요소들, 멈춰, 역할극, 4대 규칙 등을 우리 사회에 어떻게 적용할까 고민하게 되었다. 문제는 노르웨이와 한국의 사회적 환경이 많이 달랐다는 것이다.

먼저 교직 문화에서 차이가 많았다. 북유럽에서는 교사가 아이들에게 직접적인 폭력을 행사하는 것은 상상도 할 수 없는 일이다. 그런데도 그들은 교사가 아이들을 괴롭힐 가능성을 항상 주목한다. 그래서 교사가 어떤 아이에게 창피를 주었는가, 어떤 아이를 편애했는가, 수업과정에서 학생들을 무시했는가를 체크하는 프로그램이 마련되어 있다. 또한 가해자에 대한 설문 조사를 통해 그들이 교사와 부모에게 언제 폭력을 당했는지에 대해서도 조사를 한다. 이는 교사의 직접적인 폭력이 아직도 남아 있고 아이들을 무시하는 말이 당연시되는 한국의 상황과는 너무도 다른 것이었다.

정부에 대한 부모와 교사들의 태도도 달랐다. 노르웨이와 핀란드에서 국가적인 왕따 예방 프로그램이 가능했던 것은 부모와 교사들이 정부와 교육청을 신뢰했기 때문이다. 또한 사회 연대 원리를 바탕으로 하는 사회이기 때문에 학교 폭력에 대해서도 진보와 보수가 합의를 이루었다. 이는 학교 폭력에 대처하는 프로그램들이 피해자를 어떻게 도울 것인가에 초점을 맞추었기 때문에 가능한 것이었다. 그들은 가해자 처벌에 초점을 맞춘 정책으로는 학교 폭력이 줄어들지 않는다는 것을 알고 있었다. 오로지 피해자를 돕고 방관자를 어떻게 협동 행위로 이끌 것인가를 담은 프로그램만이 가해자를 변화시켜서 평화로운 관계를 만들 수 있다는 확신을 가지고 있었다. 그런데 우리 사회는 언론과 정책 당국, 그리고 교원 단체들의 대응이 가해자들에 맞추어져 있다. 가해자에 초점을 맞추는 것이 문제가 되는 것은 그럴 경우 그 폭력 행동의 심각성만 선정적으로 드러내어 처벌 위주로 사회적 분위기가 흐르기 때문인데 우리 사회도 이러한 상황을 벗어나지 못하고 있다.

이러한 차이 때문에 우리 학교와 사회 현실에 맞는 여러 가지 요소를 새로이 추가하게 되었다. 그 결과 올베우스 프로그램과는 많은 차이가 생겼다.

먼저 교사들이 아이들을 폭력으로 대하지 않겠다는 비폭력 선언으로부터 프로그램이 시작된다는 것, 전문가가 아니라 교사 중심의 프로그램이라는 것, 마을공동체 매뉴얼을 추가한 것들이다.

올베우스 프로그램과 키바 코울루 프로젝트는 지역사회 협력은 중시하지만 공동체 매뉴얼을 마련하지는 않았다. 우리 사회처럼 일진 아이들이 지역 차원의 네트워크를 구성하고 아이들 위에 군림하는 모습을 보이지 않기 때문에 학교 차원의 프로그램으로 해결 가능한 문제로 파악하고 있기 때문이다. 그런데 우리 사회는 일진 아이들이 학교를 마친 후 주거 단지에 위치한 놀이터나 공원에서 일탈행위를 벌이는 것이 지역사회의 심각한 민원이 되고 있다.

이러한 민원들을 학교에 제기했을 때 학교는 과연 어떻게 반응할까? 다음은 지역 주민들에게 학교에 대해서 어떤 생각을 가지고 있는지 질문했을 때 나온 대답들이다.

"학교는 그 자체가 커다란 벽이에요. 지역사회에서 긴밀한 관계를 맺어야 하는데 그게 잘 안 되네요. 우선 관계가 평등하지 못해요. 이상하게도 우리는 늘 사정하고 부탁해야 하고 그 쪽은 알았다고 말만 하고 가만히 있어요. 형식적이고 권위적이죠. 어떨 때는 지역 사람들을 바라보고 대하는 것이 마치 아랫사람 대하는 것 같아요. 한 자락 깔고 대하는 것 같아서 불쾌한 적도 있어요. 학교와 무슨 일을 할 때는 그쪽이 필요한 일을 할 때뿐이죠."

"이 건물 뒤 놀이터와 정자에서 ○○초등학교 아이들이 모여서 담배를 피우는 곳이에요. 학교 후문 나와서 상가 건물을 돌면 바로 나오죠. 여기서 애들이 모여 담배 피운다고 몇 번인가 학교에 신고도 했는데 학교에서 선생들이 나와 보는 것을 한 번도 본 적이 없어요. 무시당한 것 같아 기분도 나쁘지만 학교 선생들도 참 너무한다는 생각이 들어요. 학교 마치고 밖으로 나오면 그 학교 학생 아닌가, 참."

"학교요, 글쎄요. 잘 모르겠어요. 내가 10년 넘게 통장을 하면서 동네일에 학교 선생들이 온 걸 본 일이 없어서요. 동네 한가운데 학교가 있긴 하지만 학교는 별세계 같아요. 그리고 저녁에 패싸움을 하거나 선배들이 후배들을 때리고 하면 연락할 방법이 없잖아요. 선생이 동네 사람이라면 모르겠지만."

그러면 동네 사람들의 민원이 들어왔을 때 학교의 분위기는 어떨까? 한 교사는 다음과 같이 말한다.

"교무회의에서 학교 관리자들이 이렇게 얘기하죠. '동네에서 민원이 들어왔으니까 학급에서 아이들 지도 신경 써서 하세요.' 그러면 교사는 학급에서 가서 한마디 하지요. '학교에 이런 민원이 들어왔다고 하는데, 너희 중에는 그런 사람 없지? 앞으로 너희도 조심해라.'라고요. 그런데 그게 다예요. 대책을 마련한다든가 민원인에게 다시 연락한다는 것은 없어요. 심지어 지도한 근거를 남겨야 선생님들이 안 다치니까 알림장 등에 꼭 써서 지도한 흔적을 남기라고 하는 경우도 있어요.

그리고 이렇게 이야기할 수 있는 것은 작은 문제들이죠. 실제 큰 사건들은 교장, 교감, 생활부장, 담임 등 아는 사람만 이야기해서 다른 교사들은 몰라요. 지역사회에 당연히 알릴 리도 없고요."

학교 폭력 문제, 특히 일진 문제를 해결하려면 가족과 학교, 마을(지역사회)이 하나의 열린 체계이며 환경으로 작용한다는 점을 모두가 인식해야 한다. 그리고 그것이 가능하려면 학교가 지역사회에 열려 있어야 한다. 그런데 현실은 학교가 방어적인 태도로 일관함으로써 지역사회의 신뢰를 얻지 못하고 있다는 것을 주민들의 반응을 통해서 확인할 수 있다.

이러한 현실을 파악하면서 평화샘 프로젝트에 참여하고 있는 연구원들은 우리 사회에서는 마을공동체 매뉴얼이 개발되지 않고서는 효과적인 학교 폭력 해결책을 마련할 수 없다는 인식에 도달했다. 그래서 마을 주민들을 중심으로 한 실천 프로그램들을 모색하던 중 몇 개의 사건을 통해서 마을과 접속할 수 있었다. 이 책에 나온 글들은 마을 사람들이 학교를 비난하지 않고 스스로 나서서 문제를 해결해가는 모습을 담은 것이다. 학교와 달리 마을 사람들은 일진이나 위기 청소년들에 대한 문제를 인정하는 데도 적극적이었고, 아이 하나를 처벌한다고 되는 것이 아니라 아이의 환경을 바꾸어주어야 한다는 것도 잘 알고 있었다. 마을 사람들은 아이들을 돕자는 제안에 마치 기다렸다는 듯 적극적으로 참여하였다. 단지 몇 달 만에 동네 차원의 네트워크가 구성되어 아이들을 실제적으로 도울 수 있었던 것은 연구진들도 기대하지 못했던 놀라운 변화였다. 교실 프로그램, 학교 프로그램을 만들 때는 학교와 교육청의 방어적인 또는 적대적인 반응 때문에 힘들 때가 많았다. 그런데 마을공동체 프로그램은 참여자 대다수가 소통과 참여, 보살핌을 통해서 서로를 인간으로 발견하고 상처를 치유하는 과정이 되었다. 이러한 과정을 사회적으로 보고하기 위한 이 책이 아이들을 돕기 위해서 노력하는 교사, 부모, 상담사, 지역사회 주민, 마을 활동가들에게 도움이 되길 바란다.

이 프로그램에 참여한 신동명, 김수동 연구원과 매뉴얼 작성 과정에 적극적으로 참여하고 원고를 검토한 평화샘 선생님들에게 감사드린다. 무엇보다도 함께 협약을 맺고 프로그램을 진행한 금천동 H 아파트 입주자대표자회장과 주민 여러분들, 그리고 건강한마을만들기수곡동주민네트워크 수호천사 여러분들에게 진심으로 감사를 드린다. 이 책은 이 분들의 인간애와 열정에 빚지고 있기 때문이다. 마지막으로 이 책을 펴내는 데 도움을 주신 살림터 정광일 사장님과 구화정 디자이너, 그 외 편집부 여러분들에게 감사를 드린다.

2013년 2월 수곡재에서
평화샘 프로젝트 책임연구원 문재현
(마을공동체교육연구소장)

차례

머리말 아이들에게는 마을이 필요하다 · 4

1장 학교 폭력 문제 해결은 보살피는 마을공동체로부터

학교 폭력(일진 문제), 왜 마을의 문제일까? · 14
노는 아이들, 옛날 그리고 오늘 · 17
어떻게 할 것인가? · 20
마을공동체 운동의 발화점, 학교 폭력 · 23

2장 일진 아이들은 왜 동네에서 놀까?

누가 일진 아이들에 대해서 잘 알 수 있을까? · 30
일진 아이들은 어디서 놀까?-위험 구역 · 34
폭력의 또 다른 현장-학원 · 38
일진 아이들의 일탈행위에 대처하는 사람들의 유형 · 43

3장 동 차원 사례 및 매뉴얼 **동(洞)에서 길을 찾다**

가출 청소년과의 만남 · 48

건강한 지역공동체를 향한 첫 걸음 · 52

평화로운 마을공동체를 위한 비전 · 71

지역의 실태를 파악하다 · 85

동네 아이들의 외침, 멈춰!-평화샘 프로젝트 시작 · 90

의제가 확장되고 주민 네트워크의 틀이 갖추어지다 · 94

건강한 마을 만들기 주민 네트워크 발족식 · 102

서로에게 믿음이 생기다 · 105

보살핌을 위한 그물망을 설계하다 · 111

주민 네트워크의 힘과 앞으로의 과제 · 119

4장 아파트 공동체 사례 및 매뉴얼 **마을에서 함께 살기**

주민들 마음의 문을 두드리다-주민 인식 조사 · 127

평화로운 아파트 만들기 운동을 제안하다 · 142

아파트 안전과 평화의 지렛대-위기 개입 매뉴얼 · 155

위험 구역 관리 · 161

아는 만큼 보인다-주민 강좌 · 168

보살핌에 눈뜨는 마을-위기 개입에서 근본적 예방 대책으로 · 170

부록 **부록**

1. 우리나라 위기 청소년의 규모 · 176

2. 주민들과 함께하기 위한 효과적인 홍보 전략 · 180

3. 주민 인식 조사를 위한 설문 문항 예시 · 191

4. 지역 실태 파악을 위한 주민 인식 조사 설문지 예시 · 195

1장

학교 폭력
문제 해결은
보살피는
마을공동체로부터

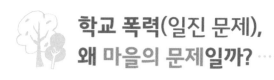

학교 폭력(일진 문제),
왜 마을의 문제일까? ·····················

많은 사람들이 일진 문제를 교육청, 경찰청에서 다룰 문제라고 생각한다. 이와 달리 우리 평화샘 프로젝트에서는 이 문제를 지역사회가 함께 해결해야 할 문제, 주민자치의 문제라고 본다.

일진 아이들은 학교에서 서열의 최상위를 차지하면서 다른 아이들을 괴롭힐 뿐만 아니라 아파트 놀이터, 주택가의 공터 등에서 후배들에게 돈을 걷고 폭력을 행사한다. 또 주말이나 방학에 모여서 일탈행위를 하는 곳도 이곳이다. 전국의 대다수 아파트 단지와 주택가 골목에서 매일 그러한 일탈행위가 벌어진다고 해도 지나친 말이 아니다. 그 결과 공유 공간인 놀이터나 공원이 그 주인인 동네 사람들이 기피하는 곳이 되었다. 아이들은 물론 어른들도 어떻게 대응할지 몰라 두려워하고 있다. 일진 아이들이 우리 동네, 또는 이웃 동네의 아이들이기 때문에 쫓아내거나 처벌하는 것이 능사가 아니라는 것도 문제이다.

결국 지역 주민들이 일진 문제에 대한 공유된 인식을 바탕으로 함께 실천해야 할 공동체적 과제로 받아들이지 않고서는 해결할 수 없는 문제라는 전 사회적인 인식의 공유가 있어야 한다. 그리고 그 시작은 동네이어야 한다. 그러려면 먼저 문제를 발견하고 이를 마을의 의제로 만들수 있는 사람, 즉 마을 일꾼이 중요하다. 마을 사람들이 이미 신뢰하고 있는 사람이라면 더할 나위 없지만, 그렇지 않아도 상관없다. 이 문제를 의제화하는 과정에서 마을 일꾼이 될 수 있기 때문이다. 이 매뉴얼에 등장하는 아파트 사례와 마을 사례는 단 몇 달 만에 마을 사람들의 전적인 지지를 받으면서 마을의 일꾼이 되어가는 과정을 잘 보여준다.

불볕같이 뜨거운 여름날 저녁이었다. 할머니 제사가 있어서 같은 아파트에 살고 계신 부모님 댁에 갔다. 나를 보자마자 아내가 흥분한 모습으로 낮에 놀이터에서 있었던 사건을 이야기하였다.

"제사 음식을 준비하다가 우연히 창밖을 봤어. 놀이터 등나무 벤치에 스무 명 가까운 아이들이 모여들고 있더라고. 앞쪽에는 중학생으로 보이는 10여 명의 아이들이 가고 있고, 뒤에는 일곱 명쯤 되는 아이들이 고개를 숙이고 손을 모은 채 따라가는 거야. 초등학교 5~6학년 정도 되어 보였어. 조금 있으니까 큰 소리로 욕이 들리고 초등학생으로 보이는 남자아이가 불려 나왔어. 한 중학생이 '야, 네가 먼저 시범을 보여봐.' 하니까 머리를 노랗게 염색한 남자아이가 주먹으로 그 아이의 얼굴을 때렸어. 맞은 아이는 휘청하며 넘어질 듯하다가 얼른 제자리에 서는 거야. 바로 다른 아이가 주먹으로 배를 또 때리니까 맞은 애가 배를 움켜쥐고 주저앉았어. 그런데 얼른 일어나서 제자리에 서는 거야. 형들이 얼마나 무서우면 그랬을까? 더 기가 막힌 건 주변에서 보고 있던 중학생들은 키득키득 웃고 지들끼리 담배만 피우고 있어. 그 옆에 초등학생들은 겁에 질려 고개도 못 들고 있는데…….

당장 뛰어나가 말리고 싶었는데 그 많은 아이들을 혼자 어떻게 감당해? 나도 무섭더라고. 그래서 얼른 경찰과 관리사무소에 전화를 걸었어. 애는 계속 맞고 있는데 경찰은 왜 이리 안 오는지. 20분이나 지나서야 두 명의 경찰과 서너 명의 아파트 경비아저씨들이 왔어. 경찰들이 아이들에게 뭐라고 이야기를 하는 것 같더니 아이들은 호주머니에 손을 넣고 아무 일 없었다는 듯이 건들거리며 흩어졌어. 뭐가 어떻게 됐는지 궁금해서 경찰에 전화를 했지. 그런데 애들이 장난이라고 해서 두 명만 학교와 이름을 적고, 그냥 돌려보냈대. 글쎄, 그게 말이 돼.”

옆에서 얘기를 듣던 부모님과 아이들도 한마디씩 했다.

“얘, 말도 마라. 평상에 노인네들이 앉아 쉬고 있어도 중·고등학교 남자, 여자애들이 서로 끌어안고, 담배도 피우고……. 결국 노인네들이 그 자리를 피한단다.”

“경비 말로는 아침에 담배꽁초 줍고, 깨진 술병 치우다가 하루가 다 간다고 하더라.”

“나도 놀이터에 언니 오빠들 안 왔으면 좋겠어. 무서워.”

식구들의 이야기를 들으면서 이 문제가 정말 심각하다고 느꼈다. 그래서 마을 사람들이 어떻게 생각하는지 주민 인식 조사를 하고, 아파트대표자회의에 이 문제를 안건으로 제안하는 것을 포함해서 다양한 실천을 해보기로 했다.

이 글을 쓴 사람은 사건이 일어난 아파트 단지에서 9년을 살았지만 아파트 게시판조차 제대로 본 적이 없을 정도로 마을에 대한 관심이 없던 사람이었다. 그런데 일진 문제에 대해 관심을 갖게 된 후, 아파트 단지 주변에서 벌이는 아이들의 폭력 행동이 일진 아이들이 주도하는 '물갈이'이며 그러한 아이들의 폭력적인 문화가 자기 가족의 일상을 위협하는 동네 문제라는 것을 알게 된 것이다. 그러한 깨달음은 동네 사람들이 이 문제로 어떤 고통을 겪고 있는가에 대한 주민 인식 조사로 이어졌고, 그 과정에서 진짜 동네 사람이 될 수 있었다.

노는 아이들, 옛날 그리고 오늘

아이들이 부딪힌 문제 상황을 해결하는 데 있어서 어른들의 역할은 무엇이, 왜 발생하였는가를 진단하는 것으로부터 시작해야 한다.

일진 아이들은 '노는 아이들'이라고 불린다. 우리 부모 세대에서도 노는 아이들은 있었다. 이들은 학교 밖에서는 말썽을 많이 피웠지만 학교 안에서는 공부도 잘 못하고 별다른 영향력을 행사할 수 없었던 것이 특징이다. 그런데 요즘 노는 아이들은 잘나가는 아이들이라고 해서 공부

잘하는 아이, 운동 잘하는 아이, 부잣집 아이, 잘생긴 아이들이 일진의 중핵을 이루기 때문에 교실 권력관계에 미치는 영향이 많이 달라졌다.

옛날에는 노는 아이들이 한 아이를 왕따시키려 해도 다른 아이들이 동조하지 않았다. 그러나 요즘에는 일진 아이들이 주류로서 학급 아이들의 생활문화와 질서를 장악하고 있기 때문에 일진 아이들이 한 아이를 왕따시키면 다른 아이들도 살아남기 위해, 즉 자신이 왕따당하지 않기 위해 동조할 수밖에 없다.

그 결과 요즘 학교는 하나의 신분 사회를 이루고 있다. 일진 아이들은 귀족, 평범한 아이들은 평민, 괴롭힘을 당하는 아이, 즉 왕따 또는 찐따는 천민이라는 수직적인 위계질서를 이룬다. 이 사회의 법을 만드는 것은 일진이고 그들은 힘의 논리를 바탕으로 질서를 형성한다. 이러한 상황이기 때문에 왜 친구들끼리 서로 싸우고 괴롭히느냐고 물으면 "쟤는 친구 아닌데요."라는 말이 서슴없이 나온다. 봉건적 신분 논리가 교실사회를 지배하는 것이다.

상납 문화도 다르다. 예전에는 삥 뜯기를 할 때 화장실이나 음습한 곳에서 몰래 했는데, 요즘은 당당하게 돈을 달라고 하는 것이 특징이다. 선배한테 상납해야 하니까 돈 내라고 요구하고 연애 기념일(투투데이, 백일기념일), 생일, 빼빼로데이 같은 기념일에 선물 등을 강요한다. 티켓 강매나 오토바이를 구입할 때 돈을 모금하는 형식으로 갈취하기도 한다. 그렇게 갈취한 돈을 선배에게 상납하는 장소가 주로 아파트나 동네의 공원, 놀이터 등이고 상납이 잘 안 될 때 물갈이라고 해서 집단적인 폭력을 행사한다.

일진 아이들의 이러한 지위는 학교 안팎에서 형성하는 네트워크를 바탕으로 만들어진다. 초등학교 학년 단위로 각 학급 짱들의 모임이 만들어지고, 그 아이들은 6학년, 중학교, 고등학교로 이어지는 지역별 네트워크로 통합되어 있다. 그래서 평범한 아이들은 일진에 대해 거대한 조직 구조를 배경으로 영향력을 행사하는 힘센 존재로 느끼며 저항할 수 없다고 믿고 있다.

이러한 학교 폭력의 실상을 가장 잘 아는 것은 아이들, 특히 피해자들이다. 그런데 이들은 자기 느낌이나 생각, 처지, 요구를 글로 표현하기 어려워한다. 일진 아이들이 두려워 자기 목소리를 내지 못할 뿐만 아니라 자신의 감정조차 제대로 알지 못하고 일진 아이들이 주입한 목소리를 내는 경우가 많다. 일진 아이들이 아파트나 주택가 주변에서 벌이는 일탈행위로부터 위협을 받는 아이들과 주부, 노인들도 지역사회에서 자기 목소리를 가지고 있지 못하기 때문에 마을 의제로 제기할 수 있는 힘이 없는 것도 문제이다. 이런 상황에서 학교 폭력과 주거지에서 일어나는 청소년 일탈행위를 해결하려면 피해 아이들과 주민들이 자연스럽게 자기 목소리를 드러낼 수 있는 환경을 만들어주어야 한다.

평화샘 프로젝트 마을공동체 매뉴얼이 관련된 사람들의 목소리와 주민 의식 조사로부터 문제 해결을 시작하는 것은 이러한 까닭이다. 자기 목소리를 드러내고 함께 문제를 해결하려는 실천을 통해서 같은 아파트, 같은 마을에 살고 있는 공동체의 구성원이라는 동질감을 확인하는 과정을 통해 우리 프로젝트는 단지 폭력에 대응하는 것이 아니라 공동체를 살리는 실천이 될 수 있었다.

어떻게 할 것인가?

평화샘 프로젝트의 마을공동체 매뉴얼은 '위기 개입 매뉴얼'과 '근본적인 예방 대책'이라는 두 가지 영역을 중심으로 한다.

위기 개입이란 위기 상황을 멈추게 하고 더 심각하게 진행될 수 있는 상황을 막기 위한 프로그램을 말한다. 마을에서 위기 개입은 놀이터 등에서 일진 아이들이 아이들과 주민들을 위협하고 물갈이 등의 일탈 행위를 할 때 주민들이 어떻게 대응할 것인가에 관한 것이다. 아파트와 마을 차원 공동 규칙과 위험 구역 관리하기, 그리고 위기 상황이 있을 때 누구에게 알리고 어떻게 대응할 것인가에 대한 내용을 포함한다.

근본적인 예방 대책은 마을을 보살핌의 공간으로 만드는 데 그 목적이 있다. 보살핌은 미세한 소리에도 반응할 수 있는 사랑의 힘을 말한다. 일진과 왕따를 만들어내는 요인은 다양해서 학교 요인뿐만 아니라 가족 요인, 마을공동체 요인도 있다. 따라서 학교와 가족, 마을이 하나의 열린 체계이며 환경으로 작용하고 있다는 인식을 공유할 때 문제 해결의 길을 발견할 수 있다.

근본적 예방 대책은 지역사회의 소통과 가족, 학교, 마을의 보살핌 망을 구성하고 강화하는 것이 핵심이다. 이를 위해서 중요한 것이 지역사회에서 광범위한 대화 구조를 창출하고 새로운 의견 형성 구조를 만드는 것이다.

평화샘 프로젝트 마을공동체 매뉴얼은 한 개의 아파트와 한 개의 동을 중심으로 사례를 만들고 그 사례를 바탕으로 구성되었다. 아파트 공동체에서는 아파트 주민대표자회의를 중심으로, 동 차원에서는 다양한 기관들과 개인이 참여하는 네트워크를 구성함으로써 지역을 변화시키려고 하는 사람들을 통합할 수 있었다.

처음에는 일진 아이들의 일탈행위에 대한 대응 방안이 주로 논의되었지만 저소득층 밀집 주거지역인 수곡동의 경우 그러한 요인들이 학교 폭력뿐만 아니라 학교 밖을 떠도는 위기 청소년 문제와 바로 연결된다는 것이 실제적인 경험과 사례를 통해서 확인되었다. 또한 위기 청소년 문제는 위기 가정 문제라는 것이 드러났기 때문에 자연스럽게 의제가 확장되면서 지역 사람들의 절실한 삶의 요구와 연결되어 다양한 계층과 기관이 자신의 프로그램을 가지고 참여할 수 있는 계기가 되었다.

보살핌을 제대로 배우지 못한 부모들을 위한 육아 지원 프로그램, 방과 후 아이들을 위한 지원 프로그램, 조손 가정이나 알코올 중독자,

장애인, 독거노인 등을 위한 보살핌 체계를 어떻게 만들 것인가까지 의제가 확장되었다.

이러한 과정을 통해서 아이들을 보살피기 위해서는 여러 가지 조건들이 필요하다는 것이 확인되었다. 먼저 어른들의 협동적 연대가 중요하다. 네트워크를 구성하는 과정은 노인세대와 중년세대가 서로에 대해 가지고 있는 불신을 해결하는 과정이었고, 그러한 과정에서만 청소년을 도울 수 있는 진심 어린 합의를 이룰 수 있었다.

또한 어른들이 아이들을 도우려면 아이들 세계를 잘 알아야 하고 이를 위해서는 아이들이 사용하는 용어를 잘 알아야 한다는 것도 확인되었다. 일진이나 왕따 현상과 관련된 언어들을 잘 알고 끝까지 도움을 줄 수 있는 어른이라는 것을 믿을 수 있을 때만 아이들은 마음을 열었기 때문이다.

아이들이 서로 보살피는 환경도 중요하다. 한 중학생 아이가 가출을 했을 때 지역의 어른들과 고등학생들이 협력해서 함께 문제를 해결한 사례는 특히 감동적이다. 요즘의 학교 폭력 문제는 어른들뿐만 아니라 아이들이 서로 보살필 때 해결할 수 있다. 이를 위해서는 평화샘 프로젝트 교실 프로그램과 학교 프로그램을 통해 제안한 4대 규칙, 멈춰와 역할극 등이 가정과 어린이집, 학교 등 지역사회 모든 단위에서 공유되는 것이 중요하다. 현재 수곡동의 경우 이러한 논의가 진행되고 있으며 지역사회가 이 프로그램을 포괄적으로 수용할 수 있는 방향으로 변화하고 있다.

마을공동체 운동의 발화점, 학교 폭력

"마을 만들기 사업을 할 때 주민들의 자발성을 끌어내려면 어떻게 해야 하지요?"

"자발성을 끌어내려면 사람들의 생활과 관련된 절박한 요구가 있어야 하는데 요즘 진행되는 마을 만들기 사업이 과연 그러한지 검토해볼 필요가 있겠지요. 주로 어떤 사업을 진행합니까?"

"마을 담장 허물기나 주거환경 개선 사업, 벽화 그리기 등이 있지요."

"그런 사업이 마을 사람들에게 어떤 의미가 있을까요? 자기 생활의 절박한 문제이고, 함께 참여할 문제로 받아들일 수 있을까요?"

마을공동체와 그 문화를 연구한 지 20년이 되었지만 요즘 들어 부쩍 이러한 질문을 많이 받고 있다. 박원순 서울시장 등장 이후 마을공동체 지원을 중요한 정책으로 내세우고 여러 지방자치단체가 이를 따라 하면서 생긴 현상이다. 그런데 관련된 일을 하는 활동가와 학자들 대다수가 주민들의 자발성 결여를 심각한 문제로 보고 있다면 왜 이런 문제가 생겼는지 먼저 알아볼 필요가 있다.

주민들이 자발성을 가지고 참여하려면 모든 주민이 심각하다고 느끼는 문제이거나 아주 절박해서 주변 사람들이 도와주기를 간절히 바라는 문제로부터 시작해야 한다. 주로 여성들이 담당하고 있는 보살핌 문제가 그러한 영역이다. 영아에게는 마을에서 그 아이를 보살필 수 있는 프로그램, 유치원과 초등학교에 다니는 아이들을 위해서는 함께 놀 수 있고 방과 후에 도움을 받을 수 있는 프로그램, 결혼한 여성을 위해서는 양육 및 생계를 위한 지원 프로그램, 중년 여성들을 위한 자기 발견 프로그램, 생계가 어렵고 우울증에 빠진 노인들을 위한 지역사회 프로그램 등은 삶의 절박성과 연결된 문제이므로 당사자와 주변 사람들이 자발적으로 참여하고 쉽게 지원할 수 있는 주제들이다. 생애 발달 단계에 맞는 보살핌 프로그램이야말로 마을공동체 운동의 핵심적인 내용이 되어야 하는 것이다.

앞에서 지적한 것처럼 일진 아이들이 벌이는 일탈행위를 해결하는 문제 역시 주민들의 자발적인 참여가 가능한 주제이다. 이 문제는 전국의 모든 아파트 단지에서 일상적으로 발견할 수 있고 모든 세대가 그 심각성을 느끼는 문제이므로 보편적인 공동체 운동의 주제가 될 수 있고 세대 간 소통의 매체가 될 수 있다.

마을에서 이러한 문제들을 풀기 위해서 대화 구조를 창출하면 의제는 순식간에 진화하면서 마을 사람들의 참여를 확장시킬 수 있다. 이 매뉴얼에 있는 수곡동의 사례가 이를 잘 보여준다.

현재 진행되는 마을 만들기 사업이 주민들의 자발성을 이끌어내지 못하는 이유가 무엇인지 좀 더 깊이 따질 필요가 있다.

먼저, 사업 주체의 문제부터 살펴보자.

현재 마을 만들기 사업의 주인공은 공무원과 학자, 단체 활동가라고 볼 수 있다. 마을 만들기 사업이 공모 사업 중심으로 진행되기 때문이다. 공모 사업이 되면 제일 먼저 하는 것이 계획서를 쓰는 것이다. 그리고 심사를 받기 위해서는 마을 사람들의 동의를 받기 위해 모임을 가지는데 한두 차례에 그치는 경우가 많아 마을 사람들이 들러리가 된다는 인식을 가질 수 있다. 마을 사람들이 처음에는 마을을 위한 사업을 한다고 하니까 그 사업에 동의해주지만 마을 사람이 아닌 활동가와 동질감을 느끼지 못한다. 또 벽화 그리기 사업 등은 있으면 좋지만 없다고 해서 크게 문제가 되지도 않는 사업이기 때문에 자발적인 참여 욕구를 가지기도 어렵다. 게다가 관의 예산을 받아서 하는 사업은 마을 실정에 맞게 의제가 진화할 때 이에 대응할 수 있는 유연성을 가질 수도 없다. 결국 돈만 쓰고 지속성이 없는 사업이 되는 것이다. 심지어 돈 때문에 갈등이 생겨서 공동체가 깨지는 경우도 있다.

따라서 마을공동체 사업은 동네 사람들 힘으로 사업을 진행할 수 있는 곳에서부터 시작되어야 한다. 이를 위해서는 마을에 살고 있는 아이들과 아줌마, 아저씨, 할머니, 할아버지가 함께 느낄 수 있고 발견할 수 있으며 참여할 수 있는 내용이어야 한다.

특히 가족이 함께 변화하는 것이 중요하다. 가족은 마을의 모든 세대와 소통할 수 있는 연결고리가 될 수 있기 때문이다. 어머니를 통해서 다른 할머니를 만나고, 아버지를 통해서 그 친구를 만나고, 아이들을 통해서 다른 아이들과 그 부모들을 만나고, 내 아내를 통해서 다른 아줌마를 만나는 것은 어려운 일이 아니다. 그리고 가족과 마을 생활의 사회적 조건을 파악하면 사람관계가 고통이 아니라 자신의 실존적인 문제를 함께 해결하는 중요한 지점이 될 수 있다. 아내가 양육의 어려움을 호소하면 마을에서 양육 프로그램을 만들고, 아버지 친구가 우울증으로 고생을 하면 이를 돕기 위한 마을 프로그램을 만들 수 있는 것이다. 그런데 이런 일들은 함께 살면서 서로를 따뜻하게 보살필 수 있는 존재로 느끼는 마을 사람들만이 가능한 것이다.

평화샘 프로젝트 마을공동체 매뉴얼이 단체 이름으로 진행된 것이 아니라 마을 주민의 정체성을 가지고 진행된 것, 그리고 가족이 먼저 토론하고 함께 조사하면서 가족관계를 변화시키는 것으로부터 시작한 것은 이러한 맥락을 파악하고 있기 때문이다.

사업이 진행되는 단위도 문제이다. 현재 진행되는 마을 만들기 사업은 시·군·구 단위, 즉 기초 자치단체를 중심으로 진행된다. 그런데 과연 시·군·구가 마을 사람들이 참여할 수 있는 사업 단위가 될 수 있을까? 그렇게 큰 단위에서는 마을 사람들의 실존적인 상황, 그리고 그 실존적 상황으로부터 발생하는 문제 상황이 보이지 않는다. 그러한 상태에서 만들어진 사업이 마을 사람들의 내적인 요구와 교류의 계기가 될 수 없는 것은 당연하다. 외부에서 돈을 주면서 자발적인 공동체 사업을 하게 할 수는 없는 것이기 때문이다. 진정한 공동체 운동은 자기 돈과 시간, 손과 발을 놀려서 공동체에 참여하고 이를 통해 공동체 구성원으로서 정체성을 함께 구성하는 것이다. 따라서 마을 사람들의 자발성을 문제 삼을 것이 아니라 공동체 활동가들의 삶과 사업 방식을 먼저 검토해야 한다. 무엇보다도 공동체 운동을 한다는 활동가들이 그 동네 사람이 아닐 때 과연 공동체 운동을 이야기할 자격이 있는지부터 따져보아야 한다.

또한 예산을 지원받는 마을 만들기 사업이 공동체를 살릴 수 있는지도 검토해보아야 한다. 진정한 공동체 활동은 목적이 없다. 엄마랑 있으면 즐겁고 마을 사람과 함께 있으니까 마음이 편하고 친구들과 함께 있으니까 깨알이 쏟아지는 기쁨을 느끼는 것, 그것이 바로 공동체이기 때문이다. 따라서 소소하게 즐기는 일상 대화야말로 공동체의 본질이다. 그런데 놀라운 것은 그 소소한 대화가 통하면 어렵고 복잡한 문제도 별다른 갈등 없이 해결된다. 소소한 대화가 가능하다는 것은 서로 마음을 연 상태이기 때문이다. 소소한 대화가 안 되는 사이에서 사업만 하려고 할 때는 개인의 욕구와 심리가 존중되지 않기 때문에 마음이 열리지 않고 인간관계는 갈등 국면으로 접어들게 된다.

마지막으로 마을 만들기라는 말이 타당한지도 검토해보아야 한다. 마을은 사람이 사는 곳이다. 그리고 문화는 사람과 사람이 어울려 살면서 형성되는 것이기 때문에 특정한 개인이나 단체의 사업으로 만들 수 없다. 이러한 주장은 마을 만들기 사업을 비판하는 것이 아니다. 진정한 마을공동체를 이루기 위해서는 마을 사람이 되는 것으로부터 시작해야 한다는 당연한 사실을 다시 한 번 확인하는 것이다.

2장

일진 아이들은
왜 동네에서
놀까?

누가 일진 아이들에 대해서
잘 알 수 있을까? ·························

　학교에서 일진 아이들에 대해 가장 잘 알 수 있는 위치에 있는 것은 아이들이다. 학교에서 권력을 장악하고 유행을 주도하는 일진 아이들은 선망의 대상이 되어서 일거수일투족이 아이들의 관심사가 되기 때문이다. 그런데 아이들 못지않게 일진 아이들의 행태에 대하여 잘 알 수 있는 사람들이 동네 주민들이다. 학교 안에서 왕따 등 학교 폭력을 주도하는 일진 아이들이 학교 밖에서 일탈행위를 하는 곳이 아파트 단지 놀이터와 주택가 골목 주변의 소공원 등이기 때문이다. 이제 아이들의 일탈행위를 경험한 동네 사람들의 목소리를 들어보자.

동네 사람들의 목소리

　"놀이터에 노는 형들이나 누나들이 모여 있으면 무서워서 못 가요. 얼른 다른 데로 도망가요. 저번에 ○○이는 돈도 빼앗겼어요."

– ○○초등학교 3학년 ○○군

　"요즘은 조그만 애들도 담배를 피워. 204동 뒤 놀이터에 모여 피우는데, 두세 명 정도 있으면 뭐라 하며 쫓아버리는데 여럿이 몰려 있을 때는 겁나서 가지도 못해. 담배꽁초 줍고, 깨진 술병 치우는 게 일이여."

ㅡ ㅇㅇ아파트 경비 직원

"애들한테는 뭐라고 못 혀. 한마디 했다가 해코지당할까 무서워. 저기 정자 있잖아. 거기가 그 애들 모이는 데야. 어떤 날은 한 열 명도 모이고 어떤 날은 네댓 명도 모이고 혀. 남자애들 여자애들 다 모이지. 담배 피우고 욕하고, 남녀가 부둥켜안고 별거 다해. 그래도 뭐라고 못 혀. 영감들이나 한 소리 하지. 우린 못 혀. 무섭거든."

ㅡ ㅇㅇ아파트에서 만난 할머니

"요즘 애새끼들은 싸가지가 없어. 막돼먹었어. 아무 데나 침 찍찍 뱉고. 어른도 몰라봐. 담배 피우는 거 보면 혼내지. 대가리에 피도 안 마른 놈들이 뭔 짓거린지. 근데 이놈들이 말을 잘 안 들어 처먹어. 혼내려고 뭐라고 한마디 하면 '할아버지가 뭔데 그래요?' 하며 대거리나 하고 어떨 때는 막 욕하면서 도망가기도 해."

ㅡ ㅇㅇ아파트에서 만난 60대 할아버지

"지난주 금요일인가 잔업 끝나고 ㅇㅇ사거리 근처에서 회식을 하고 집으로 오는 길이었어요. 밤 12시 조금 안 된 시간이었죠. 집으로 가는 지름길인 주공 아파트 뒷길로 가는데 그 길 끝나기 전에 있는 작은 정자에 중고생으로 보이는 아이들이 모여 있더군요. 다섯인가 여섯 명인가 모여서는 술 마시면서 담배 피우고 큰 소리로 욕하는 소리 들리고, 그 옆으로 지나가기가 무서워서 다시 뒤돌아서 큰길로 간적이 있어요."

– ○○아파트 30대 직장인 주부

이처럼 동네 사람들은 세대를 불문하고 일진 문제를 심각하게 느끼고 있다. 일진 아이들이 벌이는 일탈행위가 어린아이부터 노인까지 생활을 불안하게 하는 요인이기 때문이다. 일진 아이들이 학교가 끝나면 모이는 곳이 주로 놀이터와 공원 등이다. 여기서 모여 담배를 한 대 피우고 PC방, 게임장, 당구장, 노래방 등으로 간다. 그리고 어두워지면 아파트 놀이터 주변에서 술도 마시고 상납도 받고 물갈이를 한다.

일진 아이들은 달리 노는 아이들이라고 하는데 그들의 놀이 목록이 술 먹기, 담배 피우기, 연애하기, 오토바이 타기 등이다. 이는 일반 학생 수준의 용돈으로는 감당하기 어렵기 때문에 유흥비를 조달하기 위해 후배들로부터 상납을 받는다. 그 밖에도 투투데이, 백일빵, 생일빵 등 기념일을 빙자해 돈을 걷는다. 일락 카페, 일일찻집 등과 같은 행사를 만들어 티켓을 강매하는 것도 한 방법이다. 아이들이 선배가 원하는 액수를 모아 오지 못하거나 선배들에게 절대적으로 복종하지 않으면 3~5시간을 공원이나 아파트 단지, 빈집 등을 옮겨 다니면서 폭행을 하는데 이를 물갈이라고 한다.

저녁시간 이후에 다섯 명 이상 아이들이 동네 주변에 모여 있으면 일진 아이들이라고 보아도 틀리지 않을 것이다.

일진 아이들 알아보기(복장 외모 및 행동 특징)

일진 아이들은 외모에서 일반 아이들과 쉽게 구분된다.

- 파마, 염색, 피어싱, 진한 화장, 짧은 치마, 스키니진처럼 줄인 바지 등 소위 일진 룩이라고 불리는 차림새를 하고 다닌다.
- 거리를 돌아다닐 때 늘 무리 지어 다니고 바지 주머니에 손을 찌르고 어깨에 힘을 주고 건들거리며 걷는 등 특유의 불량스러운 행동을 한다.
- 대화 시 욕설과 은어가 대부분이고 말할 때 침을 자주 뱉는다. 침을 자주 뱉는 이유는 흡연 때문이다.

주민의 목소리가 모이면 구체적인 실상이 보인다

동네 주민이라고 해도 아침 일찍 출근해서 저녁 늦게 퇴근하는 직장인들은 일진 아이들의 행태에 대해서 잘 모를 수밖에 없다. 특히 40~50대 남자들이 그러한데 직접 보고 경험할 시간이 없기 때문이다. 이에 비해 동네에서 생활하는 아이들, 할아버지, 할머니, 주부, 경비아저씨들은 늘 일진 아이들을 보고 접하며 위협을 받기 때문에 잘 알고 있다.

아이들은 자신들의 공간을 일진 아이들에게 빼앗기고 그 공간을 무섭게 느끼고 있다. 하지만 아이들이나 힘이 약한 주부, 노인들은 일진 아이들에게 위협을 받고 욕설을 들으면서도 어떻게 대응하지 못하는 것이 현실이다. 이렇듯 일진 문제는 아이들을 위험하게 하고 주민의 안전을 위협하는 문제이기에 주민자치의 중요한 의제로 다루어져야 한다. 하지만 현실적으로 아파트입주자대표회의나 지방자치단체에서는 이 문제에 대한 대책을 가지고 있지 않아 주민들이 느끼는 생활의 불안을 해소하지 못하고 있다. 그러면 어떻게 문제를 해결할 수 있을까?

먼저 주민들이 함께 모여서 의논하고 해결 방법을 모색해야 한다. 동네에서 벌어지는 일진들의 일탈행위에 대한 주민들의 경험을 드러내어 공유하는 것이 문제 해결의 시작이다. 한 사람 한 사람이 아는 것은 부분적인 것일지라도 그것들을 한자리에 모아보면 전체적인 모습과 실상이 그대로 드러난다. 이때 중요한 것이 40~50대 남성들의 역할이다. 이들이 동네에서 이러저러한 일들을 결정하는 사람들이지만 일진에 대해선 잘 알지 못하기 때문에 아이들, 노인, 주부들의 이야기를 경청하고 해결하려는 의지를 가져야 한다.

일진 아이들은 어디서 놀까?
: 위험 구역

"너희들 주로 어디서 모여서 노니?"

"104동 뒤 큰 놀이터요."

"왜 거기서 모이는 건데?"

"그냥 편해서요."

"편해? 뭐가 편한데?"

"그냥요. 일단 학교 다니는 통로라 모이기도 편하고요. 여기는 터치하는 사람이 없어요. 있어봐야 애들하고 노인네들이라 우리한테 뭐라 못해요."

"여기서 뭐하고 노니?"

"뭐……. 이야기도 하고. 그냥 그래요. 별거 없어요."

"이야기만 해? 담배는 안 피우냐?"

"피워요. 여기서 피우면 잘 안 보여요. 다른 사람들 눈에 잘 안 띄거든요. 뭐 알아도 별수 없겠지만……."

"그래, 또 다른 이유도 있어?"

"뭐 특별한 거는 없고요. 길이 여러 갈래라 여차하면 빠지기 좋아요. 애들 많이 다녀서 삥 뜯기도 좋고요."

한 아파트 놀이터에서 오후 5시쯤에 중학교 일진 아이들과 나눈 대화이다.

위 이야기에서 알 수 있듯이 동네에서 일진 아이들이 모여서 일탈행위를 하고 노는 곳은 거의 정해져 있다. 인적이 뜸한 놀이터와 공원, 야산이 인접한 공터, 상가 지역의 시선이 차단된 뒷골목, 빈 건물의 옥상이나 지하 공간 등이 그런 곳이다. 그곳에 가보면 담배꽁초와 침 뱉은 자국 등 일진 아이들이 모였던 흔적을 쉽게 찾을 수 있다. 이렇게 일진 아이들이 자주 모여 일탈행위를 하는 곳을 위험 구역이라 하자.

위험 구역의 특징

동네마다 조금씩 차이는 있지만 다음과 같은 특징을 가지고 있다.

❶ 어른들의 시선이 잘 미치지 못하는 곳이다.

❷ 일정한 수 이상(10명 이상)의 아이들이 모일 수 있는 공간이 있다.

❸ 인적이 드물고 건물이 많이 없거나 건물 또는 나무, 울타리 등에 의해 가
려져 있다.

위험 구역 어떻게 관리할까?

이러한 위험 구역은 동네 차원에서 특별하게 관리할 필요가 있다.

먼저 간담회와 청취 조사를 통해 위험 구역이 어디인지 확인한다. 다음에는 주민 대표들을 포함하여 주민들이 함께 위험 구역을 돌아본다. 마지막으로 토론을 통해 합의된 위험 구역 관리 방안을 만든다. 이렇게 정해진 방안은 전체 주민에게 공지하고 이후 정해진 규칙대로 관리한다.

그 밖의 중점 관리 구역

동네 위험 구역에 일진 아이들이 모여 있을 경우 일반 아이들은 그 근처에 가지 않는다. 그런데 일반 아이들이 학교처럼 어쩔 수 없이 일진 아이들을 만나는 곳이 있다. 학생들이 등·하교 시 이용하는 골목과 버스 정류장, 학교 주변 분식집과 편의점, 패스트푸드점 등이다. 이러

한 장소들은 특별한 관리가 필요하다.

학생들이 등 · 하교 시 이용하는 골목과 버스 정류장

등 · 하교 시 이용하는 골목과 잠시 머무는 버스 정류장도 집단 괴롭힘이 일어나는 주요 장소 중 하나이다. 골목은 주로 흡연이나 금품 갈취, 집단적인 폭력을 행사하는 장소로 이용된다. 버스 정류장은 차비등의 명목으로 금품 갈취를 하기도 하고 일반아이들에 대한 언어폭력이 주로 진행된다. 이런 곳은 지역사회 차원에서 학교 폭력 예방 스티커를 부착하거나 안내판 등을 설치하고 등 · 하교 시간대에는 어른들이안전지킴이 활동을 하는 등 예방 활동이 필요하다.

학교 주변 분식집과 편의점, 패스트푸드점

학교 주변에는 학생들을 상대로 한 분식집과 편의점, 패스트푸드점들이 있다. 이 중 일진 아이들이 아예 터를 잡은 곳이 있는데, 학교를마친 뒤 학원 가기 전후에 이들의 모임 장소가 된다. 또는 일반 아이들을 데려와서 음식 값을 내게 하는 등 갈취가 일어나는 곳이다. 일진 아이들의 말에 의하면 셔틀에게 어느 분식점이나 패스트푸드점에 몇 시에 오라고 문자로 연락을 한다. 이곳에서 만나는 일진 후배들은 선배들에게 극존칭의 존댓말을 하고 90도로 인사를 하기 때문에 업소 주인과 종업원이 조금만 주의를 기울이면 아이들 관계를 파악할 수 있다.

일진 아이들 단골 노래방, PC방, 당구장

"지난번 OO 노래방에 갔다가 노래를 다 부르고도 밖을 나오지 못했어요. 일진 언니들이 출입구 쪽에 모여 있어서 무서워서 못 나왔어요. 괜히 찍히면 따당하거든요."

일진 아이들이 자주 가는 노래방과 PC방, 당구장은 동네마다 정해져 있다. 이곳은 인근 지역 일진 선후배가 만나서 같이 놀며, 갈취, 상납, 성행위 등과 같은 비행을 저지르는 곳이다. 노래방과 PC방은 일진 선배가 후배를 찍어 양 관계를 요구하고 조직에 가입시키는 장소로 많이 사용된다. 특히 노래방은 성상납, 성폭력과 같은 성범죄 위험이 높은 장소로 특별한 관리가 필요하다. 이런 곳을 관리하기 위해서는 지역사회 차원에서 이들과 간담회, 설명회 등을 통해 관계를 맺고 이들이 일진 문제 해결을 위한 주민 네트워크에 참여할 수 있도록 하는 것이 중요하다.

폭력의 또 다른 현장
: 학원

아이들이 주로 생활하는 곳은 학교와 학원이다. 학교에서는 그래도 학교 폭력 문제를 해결하기 위한 논의와 노력이 진행되고 있는 데 반해 학원은 그렇지 못하다. 학원 폭력 문제는 정부에서도 대책이 없는 것이 현재의 실정이다. 그러면 학원 폭력 문제를 풀기 위해서는 무엇이 필요할까?

학원 폭력에 대한 아이들의 목소리

"저는 학원에서 왕따가 되고 나서 학교에서도 왕따가 됐어요. 처음부터 왕따는 아니었어요. 그런데 ○○초 일진인 은서가 '너 오늘부터 왕따야.' 하고부터 학원에서 왕따가 됐어요. 그리고 은서가 우리 학교 일진 지수에게 연락해서 학교에서도 일진에게 찍힌 왕따가 된 거죠."

"영어 학원은 학년이 섞여서 공부해요. 형들에게 꼼짝 못해요. 그런데 ○○이는 형들이랑 친해서 괜찮아요."

"○○ 학원은 잘나가는 언니들이 많이 다녀요. 그 학원 다니면 언니들과 친해질 수 있고, 인맥이 생기잖아요. 그래서 ○○이는 인맥이 쩔어요."

학원에서는 여러 학교 아이들이 모이다 보니 학원에서 왕따가 되면 자기 학교뿐만 아니라 다른 학교 아이들에게도 왕따가 될 가능성이 높다. 영어 학원이나 태권도장의 경우 등록 시기에 따라 학년 구분 없이 섞여서 배우다 보니 선후배 간에 권력질서가 쉽게 형성될 수 있다. 그래서 선후배 간의 위계질서와 폭력 문화를 몸으로 배우는 장소가 된다. 선배들에 대한 절대적인 복종, 후배들에 대한 단체 기합이 일상적인 문화로 수용되고 양 관계 맺기 등 일진 모임을 만드는 데 토양이 될 수도 있다.

학원 원장들의 목소리

"그건 학교에서 생기는 문제 아니에요? 학원하고는 관계없어요."

"우리 학원은 수능 입시학원이라 수업 이외에 아이들과 다른 이야기는 하지 않아요."

"우리 학원에는 그런 일 없어요. 우리 학원에는 일진 아이들 안 다녀요."

"학원은 아이들이 선택해서 오는 데라 그런 일이 생기지 않죠. 만약에 학원에서 왕따나 괴롭힘이 있으면 바로 그만두면 됩니다."

지역 조사 과정에서 확인된 학원장들의 생각이다. 학원에서 폭력이 존재하지 않는다는 주장 뒤에는 자기들이 개입할 수 있는 권한과 방법을 찾을 수 없는데 어떻게 하느냐는 심정이 깔려 있다. 학원장들이 동네 사람이 아닌 경우도 많아서 그것이 폭력 문제에 대한 둔감성의 원인이 되기도 한다.

어떻게 할까?

먼저 학원에서 일어나는 폭력을 막아내기 위해서는 몇 가지 조건이 마련되어야 한다.

학원 폭력에 대한 실태 조사와 원장들의 인식 전환, 그리고 학원 폭력에 대처하는 지역사회의 압력이다.

먼저 실태 파악이 중요하다. 이는 학교에서도 할 수 있고 동네 차원에서도 주민들에 의해서 진행될 수 있지만 학교에서 조사하는 것이 빠르고 편리하다.

학교에서 학교 폭력 실태 조사를 할 때, 학원에서 어떻게 폭력을 당하는가를 파악하고 근거 자료를 마련해야 한다. 이 내용을 바탕으로 지역에 있는 학원장들과 간담회를 마련한다.

그리고 학원에서도 멈춰와 역할극 같은 예방 프로그램을 실천하도록 요청한다.

이를 위해서는 지역 학원들의 처지와 조건을 잘 고려하여 진행해야 한다. 한 학원만 프로그램을 진행하기에는 무리가 있기 때문이다. 영업적 측면에서 서로 경쟁해야 하는 학원의 특성상 그런 프로그램을 진행할 때 과연 애들이 학원에 올 것인가 하는 두려움을 가질 수 있다는 것을 고려해야 한다.

게다가 아이를 때려서라도 성적만 올려달라는 부모들의 요구가 많은 곳이 학원이라서 실제 체벌이 용인되는 곳도 많다. 이러한 조건에서 한 학원만 예방 프로그램을 진행하는 것은 어렵다. 지역사회의 요구를 바탕으로 모든 학원이 동시에 진행해야 실질적인 예방 효과를 얻을 수도 있고 한 학원이 피해를 보는 상황도 막을 수 있다.

정부 차원의 대책 마련 요구하기

학원 폭력 문제는 비단 한 동네만의 문제가 아니다. 학원 폭력에 대한 정부 대책의 사각지대이기 때문이다. 이는 사교육 시장을 고려해볼 때 매우 심각한 문제로 시급한 정부 차원의 대책이 필요하다. 이를 위해서는 지역사회 차원에서 주민들의 단합된 힘을 모아 정부 대책을 요구해야 한다.

학원에 대한 인허가와 관리감독 관청인 교육당국은

첫째, 학원 폭력 실태 조사를 의무화하고,

둘째, 원장과 강사를 대상으로 학교 폭력 대책 및 예방에 대한 연수를 의무화하고,

셋째, 학원 차원의 예방 프로그램(멈춰와 역할극)을 시행하며,

넷째, 이를 위한 법·제도적 장치를 마련해야 한다.

이는 학원의 변화를 이끌어낼 수 있는 정책으로 교육청이 강력한 의지를 가지고 시행하지 않으면 안 된다. 연수를 할 때 학원연합회가 자율적으로 하는 것도 중요하겠지만 자율에 맡기면 형식적으로 진행될 수 있다. 교육청이 학원을 강제할 수 있는 제도적인 장치와 강력한 의지가 필요한 이유이다.

일진 아이들의 일탈행위에 대처하는 사람들의 유형

"놀이터에서 담배 피우는 애들은 우리 아파트에 사는 애들이 아녀. 지들 엄마, 아빠가 있고 아는 사람이 있는데 그렇게 행동하겠어. 순찰을 돌다 보면 우리 아파트에 사는 아이들은 놀다가도 우리가 가면 자리를 피해."

옛날 시골 마을에서는 어른들이 아이들을 모두 알고 있었다. 그래서 아이들이 쉽게 일탈행위를 하지도 못했고 저항한다는 것은 꿈도 꿀 수 없었다. 위 이야기에서 알 수 있듯이 요즘도 같은 아파트 단지에 사는 아이들이라면 행패를 부리지는 못한다. 동네 아이들이 아니기 때문에 어른들에게 덤빌 수 있는 것이다. 문제는 아이들이 숫자가 많은 데 비해서 그것을 바라보고 해결하려는 어른은 숫자가 적은 데 있다. 노인들은 힘이 부쳐서, 주부들은 무서워서 어떻게 하지를 못하는데 이러한 문제를 해결하기 위해서는 현재 주거 단지에서 주민들이 어떻게 대응하는지 유형을 검토할 필요가 있다.

방관형

"밀린 업무를 처리 하고 좀 늦게 퇴근하던 길이었어요. 버스에서 내려 ○○초등학교 정문을 돌아 ○○공원을 가로지르는데, 공원 절반쯤

지났을까. 오른쪽 등성이 배드민턴장 아래가 소란스럽더군요. 힐끗 쳐다보니 중학생 또래로 보이는 아이들이 모여 있는데, 불빛이 반짝이고 희미한 연기가 아른거리는 게 담배를 피우고 있더군요. '쯧, 요즘 녀석들은 정말……. 답이 없군. 쟤네들 부모는 알까?' 하는 생각을 하며 집으로 갔죠."

이렇게 아이들의 행태를 못마땅하다고 느끼면서도 그냥 지나가는 유형이 방관형이다. 대다수의 여성과 노인들 그리고 많은 수의 남성들이 취하는 태도이다. 이들에게 왜 이렇게 방관하는지에 대해 이유를 물어보면 두 가지로 설명한다. 하나는 귀찮은 일에 휘말리는 것이 싫고 혼자서는 봉변을 당할 수도 있기 때문에 어쩔 수 없다는 것이다. 이렇게 현실적 위험을 느끼는 사람한테 시민정신이 부족하다고 비난하는 것은 옳지 않다.

폭력에 대처하는 지역공동체 프로그램은 영웅을 요구해서는 안 된다. 지방자치단체, 아파트주민자치회, 상가번영회 등이 안전하게 대처할 수 있는 방법과 매뉴얼을 마련하지 않고 주민들에게 용감한 행동을 요구하는 것은 직무유기이자 폭력이다. 이러한 방관형에 속하는 사람들의 마음속에는 도와주고 싶은 욕구도 있기 때문에 방어 행동을 할 수 있는 구체적인 지침이 제공되어야 한다.

온건한 개입 유형 – 타이르기

"언젠가 저녁 무렵에 계모임이 있어서 시내를 나가려고 버스 정류장으로 가는데 ○○공원에서 여자아이 서너 명이 담배를 피우고 있는 거야. 그래서 걱정되는 마음에 '얘들아 이런 곳에서 담배를 피우면 안 돼. 부모님 걱정하시니까 빨리 집에 들어가라.' 했어. 그랬더니 빤히 쳐다보더라고. 약속 시간도 있고 해서 더 이야기하지 않고 정류장으로 가는데 뒤가 이상한 느낌이 들더라고. 그래서 돌아보니까 아까 그 여자아이들하고 남자아이들 몇 명하고 따라오는 거야. 남자아이들이 '아저씨가 담배 피운다고 뭐라고 했어요? 아저씨가 무슨 상관이에요.' 하면서 나를 둘러싸는 거야. 순간 겁이 나더라고. 그래서 큰 소리로 '야, 이놈들 뭐하는 거야.' 하고 외쳤지. 그랬더니 주변에 있던 사람들이 '뭐야, 뭐야.' 하니까 인상을 쓰면서 그냥 가대. 그때 일을 생각하면 지금도 오싹해."

아이들의 일탈행위에 대해서 이렇게 어른들이 개입하는 경우 그냥 흩어지는 아이들도 있지만 위협적으로 대응하는 아이들도 있다. 그리고 그런 경험을 한 사람이라면 다시 아이들에게 어떤 말을 하기는 힘들 것이다.

억압형 - 폭언 및 비난

"저번에는 중학교 아이들이 밤늦도록 욕하면서 떠들어대니 잠을 잘 수가 있어야지. 그 위층 아저씨가 '이노무 새끼들 떠들지 말라.'고 소릴 쳤더니 '아저씨가 보태준 거 있어요?' 이러면서 막 대들더라고."

아이들의 잘못된 행동을 바로 잡겠다고 욕을 하며 혼내는 아저씨나 할아버지들이 이런 유형에 속한다. 이 경우 아이들은 반발하기 마련이고 어른들은 더 화가 나서 폭언을 퍼붓는데 자기감정을 조절하지 못하는 아이들을 만날 경우 폭력 사태까지 가기도 한다. 아이들의 비행을 저지하려다가 패륜아로 만드는 경우이다.

앞에서 살펴본 어른들의 개별적인 대응 방법으로는 문제가 해결될 수 없다는 것이 확인되었다. 방관도 문제지만 개입하고자 할 때에도 문제가 더 덧나는 상황이 되기 때문이다. 따라서 아파트나 주택가에서 벌어지는 일진 아이들의 비행에 대처하지 못한 문제를 주민들의 무관심으로부터 찾는 것은 옳지 못하다. 모든 주민들이 같은 상황에서 안전하게 대응할 수 있는 방법과 매뉴얼을 만드는 것은 지방자치단체와 아파트 주민자치회 등이 할 일이기 때문이다.

3장

동 차원 사례 및 매뉴얼

동(洞)에서 길을 찾다

청주시 수곡2동에는 국민영구임대 아파트 약 2,000여 세대가 있다. 아파트 주민의 70% 이상이 정부의 지원을 받아 생활하는 중증장애인, 독거노인, 한 부모 가정, 조손 가정, 소년소녀 가장이다. 다른 거주자들도 무직자 또는 경제활동 능력이 떨어지는 저소득층이 대부분이다. 어른들도 사회적 보살핌이 필요한 사람들이다 보니 아이들에 대한 보살핌 기능은 심각한 문제가 있다. 이곳에 사는 아동 청소년 상당수가 가정과 학교에서 적응을 하지 못하고 미래에 대한 희망을 가지지 못한 채 위기 청소년이 되고 있다. 동네 분위기도 가출 청소년과 일진 아이들이 주변을 배회하고 있어 주민들이 불안해하고 청소년 범죄 발생 빈도도 높은 편이다.

가출 청소년과의 만남

내가 규민이와 철이를 처음 만난 것은 2012년 3월 첫째 주 일요일 밤이었다.

저녁 10시쯤 집으로 가고 있는데 교사인 아내에게 전화가 왔다. 우연히 가출을 한 옛 제자들을 만났는데 집에는 절대 들어가지 않겠다고 버티고 있으니 오늘 하루만 애들을 데리고 자면서 설득해달라는 것이었다.

○○초등학교 앞에 가니 중학생으로 보이는 남자아이 2명이 서 있었다. 아이들에게 다가가니 방금 담배를 피웠는지 냄새가 코를 찔렀다. 아직 쌀쌀한 날씨인데 얇은 남방 차림에 슬리퍼를 신고 오들오들 떨고 있는 모습을 보니 마음이 짠했다. 얼른 따뜻한 곳으로 가서 밥이라도 먹여야겠다는 생각에 찜질방으로 갔다. 아이들은 얼마나 굶었는지 허겁지겁 밥을 먹었다.

감기가 심하게 든 철이를 재우고 규민이와 이야기를 시작했다. 규민이는 이야기하는 동안 나와 눈을 맞추지 못하고 계속 주변을 두리번거렸다. 규민이는 중학교 1학년인데 할머니, 삼촌과 살고 있고, 중학교 3학년인 철이는 엄마, 새아버지와 산다고 했다.

"너희들 집 나온 지 얼마나 되었니?"

"개학날 나왔으니까 한 일주일 돼요."

"왜 나온 거야?"

"학교 다니기 싫어서요."

"학교만 안 가면 되지 집은 왜 나와?"

"학교 안 가면 삼촌이 때려요."

"철이는?"

"형도 새아빠한테 맞아요."

"너희들 그동안 어디서 잤니?"

"하루는 아는 애 집에서 잤고요. 그 다음 날부터는 문 열려 있는 빈 건물 계단에서 그냥 샜어요."

"잠은 안 자?"

"낮에 아는 애 집에 가서 자고 나와요."

"내일은 집에 들어갈 거니?"

"네. 아까 선생님하고 약속했어요."

"집에 들어가면 삼촌한테 맞을까 봐 겁 안 나?"

"때리면 또 나오면 돼요."

이야기를 하는 동안 손톱을 뜯고 팔을 긁으며 불안해하는 규민이가 안쓰러웠다. 이 아이들을 어떻게 해야 할까 고민이 되었다. 오늘은 내가 데리고 있지만 또 집을 나오면 그땐 어떻게 해야 할까? 매번 챙겨줄 수도 없고……. 가슴이 답답하였다. 문득 위기 청소년[1]에 대한 기사가

---

1) 「위기 청소년 지원시설과 지원정책 현황 및 사회 안전망 구축을 위한 정책방안 연구」(내용은 부록 참고)

생각났다. 전국에 있는 학생 수의 약 20%인 165만여 명이 위기 청소년이고 그중 46만여 명이 고위기군인데 '내가 지금 그 실체를 보고 있는 거구나.' 하는 생각이 들었다.

다음 날 아침 규민이 할머니와 철이 엄마에게 연락을 해서 오늘은 아이들이 들어갈 테니 절대 때리지 말라고 신신당부를 했다.

그 일이 있고 난 며칠 뒤 철이와 규민이가 또 집을 나갔다고 철이 엄마에게서 연락이 왔다. 철이 엄마와 전화를 끊고 아이들을 찾아다녔다. 있을 만한 곳을 수소문해서 아이들을 찾아 집으로 들여보냈다. 그 뒤에도 몇 차례 같은 일이 반복되었다.

이 일을 겪으면서 우리 마을 아이들에 대하여 관심을 가지게 되었다. 어떻게 하면 이 아이들을 도울 수 있을까 고민하며 마을공동체교육연구소 문재현 소장의 의견을 구했다.

"아이들이 방황하고 가출하는 원인에는 성장기 아이들의 특징과 개인적인 이유도 있겠지만 보다 근본적인 것은 우리 사회의 보살핌 체계가 무너졌기 때문입니다. 학교 폭력과 위기 청소년 문제는 가정과 학교, 경찰에만 맡길 게 아니라 지역공동체 차원에서 대응하고 풀어야 근본적인 해결이 가능해요. 동네 차원에서 주민들과 함께 공동으로 대응할 수 있는 방안을 모색해보는 건 어떨까요? 그러자면 동네 주민들의 목소리를 먼저 들어보는 것이 필요하지요."

이야기를 듣는 순간 동네 사람들의 마음을 모아 위기 청소년들에 대한 지역 차원의 보살핌 체계를 만들어야겠다는 생각이 들었다.

먼저 우리 동네에서 위기 청소년들이 많이 살고 있는 영구임대 아파트 단지에서 시작하려고 하였지만 아파트대표자회도 없고 부녀회 같은 자생 조직도 없는 이곳에서 시작하기에는 어려움이 있었다. 더구나 영구임대 아파트 단지 주변에 위기 청소년이 많다고는 하지만 주변의 일반 아파트와 주택가에 사는 아이들과 어울리며 일탈을 하는 것이 일반적인 상황이라 좀 더 넓은 틀이 필요하겠다는 판단을 했다.

그래서 동 차원에서 접근해보기로 했다. 동에는 지역아동센터와 복지관을 비롯한 학교, 주민센터, 통장협의회, 지구대, 방범대, 주민자치위원회, 부녀회, 노인회 등 여러 기관과 직능단체들이 있다. 여기에 아파트입주자대표회의, 상가번영회 등 주민자치조직과 주민 모임들이 협력한다면 지역 전체를 망라하는 주민 네트워크를 형성할 수 있을 것 같았다. 아이들도 대부분 관내에 있는 학교에 다니고 있기 때문에 더더욱 동 차원의 실천이 필요하다고 보았다. 생각이 여기에 미치자 누구부터 만나볼까 고민이 되었다. 가장 먼저 동네에서 아이들을 보살펴온 지역아동센터 사랑의 울타리 안느마리 수녀가 떠올랐다.

건강한 지역공동체를 향한 첫걸음

주민들의 목소리에서 확신을 얻다

다음 날 오후, 수첩을 챙겨 들고 사랑의 울타리로 향했다. 봄바람이 제법 불었지만 마음이 설레어 추운지를 몰랐다. 205동 옆을 지나는데 1층 라운지에 평소 알고 지내던 통장 아주머니와 할머니 세 분이 볕을 쬐며 이야기를 하고 있었다. 통장 아주머니는 나를 알아보고 반색을 하며 무슨 일로 왔느냐고 물었다.

"요즘 학교 폭력 문제가 심각하잖아요. 우리 동네 아이들은 어떤지 주민들 의견을 들어보려고 나왔어요."

"말도 마요. 저기 놀이터 보이죠. 저기가 애들이 담배 피우는 데예요. 우린 못 가요. 지난번에 뭐라고 한마디 했다가 경비실 문짝을 차며 난리를 치는 바람에 무서워서 혼났어요. 가끔 싸움도 하곤 하는데……."

통장 아주머니는 숨을 한 번 내쉬고는 계속 이야기를 이어갔다.

"전에는 주민들이 방범도 돌고 해서 아이들도 조심했는데, 지금은 그것도 없어지니까 대놓고 담배도 피우고 나쁜 짓 하고 그래요. 뭔 대책이 있든지 해야지."

동네 차원에서 주민들이 협의해서 같이 대책을 마련하면 통장님하고 할머니들도 참여할 수 있어서 좋지 않겠느냐고 하자 할머니들이 맞장구를 치셨다.

"동네서 하면 좋지. 그러면 안심이 좀 되지."

"근데 우리가 할 수 있는 게 있을런가?"

"동네서 하는 일인데 빠지면 되나. 잘하라고 박수라도 쳐주면 되는 거 아녀."

잠깐 이야기를 나누는 동안에도 아이들의 일탈행동으로 인한 불안과 그것을 도와주지 못하는 무력감, 누가 나서주었으면 하는 기대감이 느껴졌다. 다른 곳에서 만난 주민들도 마찬가지였다.

일주일에 두 번 공부방 아이들 저녁밥 봉사를 하고 있다는 아주머니도 어른들이 따뜻하게 보살펴주면 아이들이 왜 탈선을 하겠느냐며 동네 사람들이 같이 나서면 좋겠다고 하였다. 옆에 있던 할아버지는 주민들이 자율방범대라도 만들어야 한다며 자신도 참여할 수 있다고 하셨다. 주민들의 목소리를 통해 동네 차원에서 대책을 마련해보자는 내 생각이 옳았음을 확신하며 사랑의 울타리로 걸음을 옮겼다.

준비 팀을 만들다

사랑의 울타리 문을 열고 들어가자 안느마리 수녀가 반갑게 맞아주었다. 안느마리 수녀는 지난번에 일진 문제를 다룬 『학교 폭력 어떻게 만들어지는가』라는 책을 선물해줘서 고맙다며 말문을 열었다.

"책에 나온 사례는 약과예요. 우리 동네 아이들은 더 심해요. 절도와 갈취는 기본이고요. 일일이 거론하기도 힘들어요. 작년 여름에는 진수와 형준이가 집에서 140만 원, 60만 원 이렇게 200만 원을 훔쳐가지고 나온 일이 있었어요. 아는 형들이 시킨 거죠. 우리가 알았을 때는 이미 절반 정도는 쓰고 난 뒤였어요. 지난 겨울에도 이 아이들이 시내 옷 가게 한 곳을 턴 적이 있었어요. 나중에 사건화되어서 부모들이 사과하고 배상했어요. 애들도 조사받고……. 그래도 이건 눈에 보이는 거죠."

눈에 보이지 않는 것이 무엇이냐고 물었더니 심각한 표정으로 대답했다.

"성적인 문제요. 이게 제일 심각해요. 이건 잘 안 드러나요. 가출, 혼숙. 애들에게는 일상이죠. 당연히 성추행, 성폭력이 흔하게 일어나요. 애들끼리 모여서 음란물 보고 따라 해보는 게 놀이가 된 거죠."

"부모나 주변 어른들이 모르나요? 뭐라고 안 해요?"

"대부분 몰라요. 오후나 밤에 일 나가고 비어 있는 집들이 많잖아요. 지난주에 동사무소에서 ○○초 근처에 사는 아이가 늘 혼자 있다고 연락이 와서 가봤더니 10살짜리 여자아이가 혼자 야동을 보고 있더군요. 얼마나 황당하고 기가 막히던지……."

당시 상황이 떠오르는지 한숨을 쉬며 잠시 멈췄다가 다시 말을 이었다.

"어려서부터 상습적인 가정 폭력과 학대를 당해온 아이들이 많아요. 방치하고 방임하는 집도 많고요. 아이를 보살필 능력이 없는 집도 있고요. 지난달에 ○○초 2학년 유진이라는 아이가 새로 왔는데 엄마가 알코올 중독자거든요. 엄마랑 둘이 사는데 아이를 씻기고 밥 먹이는 기본적인 것도 안 해서 담임선생님이 우리에게 의뢰한 경우예요. 여기서 씻기고 저녁밥이야 먹이지만 그것뿐이죠. 잘 아시잖아요. 우리 동네 사정…….”

안느마리 수녀는 그동안 홀로 고생했던 기억이 떠오르는지 말끝을 흐리며 쓸쓸하게 웃었다.

“그래서 말인데요. 요즘 학교 폭력 문제가 사회적인 이슈잖아요. 지금 같은 분위기라면 지역 차원에서 아이들 문제를 다뤄볼 수 있을 것 같은데 어떻게 생각하세요?”

“그렇게만 되면 좋죠.”

“그러면 저하고 수녀님이 같이 한번 해보자고 지역에 제안해보는 것은 어때요?”

내 제안에 안느마리 수녀는 자리에서 일어나며 흥분된 목소리로 말했다.

“좋아요. 그렇게 한번 해봐요. 한자리에 모여서 같이 이야기해봤으면 좋겠어요.”

“복지관하고 먼저 얘기해보죠. 아무래도 지역사회에 제안하려면 공신력도 필요하니까 복지관이 나서는 것이 좋을 것 같아요. 복지관이랑 저랑 수녀님이 같이 준비해서 지역에 제안하는 겁니다.”

안느마리 수녀와의 대화를 통해 동네 아이들의 현실을 자세히 알 수 있었다. 그리고 어려운 조건임에도 아이들을 위해서 항상 헌신하는 안느마리 수녀 같은 분이 있어서 마음이 든든했다.

다음 날 찾아간 복지관장 역시 제안에 적극적으로 반응했다.

"좋아요. 그렇지 않아도 주민의 삶 안정화를 위한 네트워크 활성화를 위해 주민들이 참여하는 수호천사를 고민하고 있었는데 같이 해보는 게 좋을 것 같아요. 우리가 연락과 실무를 맡아서 해볼게요. 선생님이 많이 도와주셔야 돼요."

그러면서 주민복지 담당자인 이 팀장을 실무자로 배치해주었다. 사실상 주관 단체 역할을 하게 된 것이다. 이렇게 해서 나와 안느마리 수녀, 복지관 이 팀장으로 지역 네트워크를 추진하는 준비 팀이 만들어졌다.

tip. 마을 의제, 이렇게 준비해요

지역 네트워크 사업은 지역의 여러 기관과 단체, 주민 모임, 개인이 모두 참여할 수 있어야 한다. 이때 중요한 것이 먼저 지역 차원의 문제를 발견하고 이를 마을의 의제로 만들 수 있는 사람, 즉 마을 일꾼이다.

우리의 경우는 동네에서 기본적 인간관계를 가지고 있던 내 경험과 지역아동센터 안느마리 수녀의 헌신과 신망, 복지관의 대외적 신뢰가 잘 어우러져 지역 주민과 기관 단체의 참여가 쉽게 이루어졌다.

한 개인이나 단체가 동이나 농촌의 읍면 차원에서 이러한 사업을 추진하고자 한다면 지역의 인적 자원과 여러 조건을 먼저 파악한 후에 함께할 수 있는 단체와 사람들로 준비 모임을 만들어야 한다.

❶ 먼저 동네에서 준비 모임에 참여가 가능한 개인과 단체를 파악한다.

❷ 참여 가능한 개인과 단체가 파악되면 직접 찾아가 사업 취지를 설명한다.

❸ 준비 모임 참여를 제안한다.

❹ 준비 모임을 열고 지역 네트워크 사업 제안을 결정한다.

동마다 차이는 있겠지만, 준비 모임에는 다음과 같은 단체들이 참여할 수 있다.

❶ 풀뿌리 주민자치 모임

동네에 여성, 환경, 장애, 교육 문제 등을 고민하며 해결하려고 하는 풀뿌리 주민자치 모임이 있다면 참여를 적극적으로 권유한다. 이러한 모임 구성원들은 동네에서 적극적인 활동이 가능한 사람들로 이후 지역 네트워크 활성화를 위한 밑거름이 될 수 있다.

❷ 아동 청소년 보살핌 단체 및 지원 기관

아동 청소년 보살핌 기관은 지역아동센터와 공부방, 복지관이 있고 지원·상담 기관으로 청소년지원센터, 쉼터, 치료 기관 등이 있다. 연락처는 지자체 사회복지과나 주민센터에 문의한다.

❸ 적극적 참여 의지를 가진 주민이나 동아리 및 봉사 모임

❹ 학부모 모임

학부모 모임은 학교마다 구성된 학부모회와 참교육학부모회 같은 지역 차원의 학부모 모임이 있다. 학교 학부모회 연락은 각 학교에 문의한다. 지역 차원의 학부모회는 특정한 교육 목적을 위해 조직된 단체로 지역에 따라 있기도 하고 없을 수도 있다. 지역 차원의 학부모회가 있다면 모임 차원의 참여를 권유하고, 없다면 전국 또는 광역단위 학부모회 회원 또는 활동가가 지역에 거주하는지 알아보고 만나보는 것이 필요하다.

지역사회에 간담회를 제안하다

그 다음 주 월요일, 준비 팀 모임을 하였다. 지역 주민의 목소리를 듣고 참여를 확대하기 위해 지역 간담회를 하자는 것에 대해 생각이 일치했고 그 추진 방안을 논의했다.

"작년부터 '지역 주민 삶의 질 안정화를 위한 네트워크 협의회'를 하고 있거든요. 복지관하고 동 주민센터, 통장협의회, 지구대, 방범대, 영구임대 아파트 관리사무소가 참여하고 있는데 여기에 제안하면 어떨까요?"

복지관 이 팀장의 말에 안느마리 수녀가 덧붙였다.

"그것만으로는 안 돼요. 학교가 빠졌어요. 지역아동센터들도 있어야 해요."

"맞아요. 지역 주민이면 누구나 참여할 수 있도록 제한을 두지 않았으면 해요. 특히 학교의 참석과 협력은 절대적으로 필요하다고 봅니다. 동 주민센터와 통장협의회도 마찬가지고요."

내 말에 안느마리 수녀와 이 팀장이 고개를 끄덕였다. 4월 하순쯤 간담회를 갖기로 하고 제안은 복지관 명의로 하기로 하였다. 지역사회에서 복지관은 다양한 복지사업을 통하여 공신력을 얻고 있고, 지역의 여러 기관 단체들과 상호 협력관계를 맺고 있어 참여를 이끌어내는 데 효과적이라고 판단했기 때문이다. 마지막으로 간담회까지 해야 할 일들에 대해서 역할을 나누고 추진 과정은 수시로 연락하여 공유하기로 하였다.

"지역 일에 동사무소가 빠지면 되나요." – 주민센터

가장 먼저 찾아간 곳은 동의 기본 현황과 정보가 모여 있는 주민센터였다. 전화를 걸고 찾아가니 직원들이 반갑게 맞아주었다. 민원실 안쪽에서 직원들과 마주 앉아 이야기를 시작했다.

"지역에서 네트워크 사업을 하려고 하는데 주민센터도 같이 참여했으면 좋겠어요."

내 말에 주민센터 담당 직원이 곤란한 듯 이야기하였다.

"어느 정도 협력과 지원은 가능하지만 우리가 직접 나서기는 그런데요."

그러자 복지계장이 정색을 하고 나섰다.

"아니야. 우리도 같이 해야지. 지역 일에 동사무소가 빠지면 되나. 우리가 뭐부터 해야 할까요?"

복지계장의 적극적인 반응에 나도 신이 났다.

"우선 지역 사람들이 한자리에 모이는 게 중요해요. 할 일은 거기서 함께 의논해야겠지요."

"그럼, 통장님들하고 직능단체에 이야기하면 되나요? 명단과 연락처를 드릴 테니 직접 만나보실래요?"

무엇을 할까 적극적으로 이야기하는 복지계장의 모습은 열정과 에너지가 넘쳤다.

"동네일이고 애들을 위한 일인데, 우리가 해야지." - 통장협의회

통장협의회 역시 직접 찾아가 사업의 취지를 설명하기로 했다.

통장협의회가 열린다는 연락을 받고 이 팀장과 함께 주민센터로 찾아갔다. 회의 장소인 2층 강당 문을 열고 들어가자 낯익은 통장 아주머니들이 손을 흔들며 반겨주었다. 동장의 소개로 이 팀장과 내가 차례로 사업의 취지를 설명하였다. 설명이 끝나자마자 오랫동안 통장 일을 하신 한 아주머니가 큰 목소리로 말했다.

"동네일이고 애들을 위한 일인데, 우리가 해야지. 더 말이 필요하나."

이 말에 여기저기서 '맞아, 맞아.' 하며 맞장구를 쳤다. 통장협의회장이 전체를 향하여 동의 여부를 묻자 모두들 박수를 치며 찬성하였다. 통장은 주로 동네 사정에 밝고 이웃 사람들을 잘 아는 주민이 맡고 있으며 주민과 직접 만나서 행정업무를 처리하는 역할을 하고 있다. 보통 동네일을 할 때도 하나에서 열까지 손발을 움직이는 이들이 통장이다. 특히 우리 동네 영구임대 아파트는 임차인대표회의가 없어 통장들의 역할이 더욱 중요하다. 통장협의회를 찾아간 것도 이 때문이다. 다양한 지역 사람들과 함께하려면 그들의 입장을 존중하고 충분하게 소통하는 과정이 있어야 함을 깨달았다. 그 후 주민들과 직접 소통하는 것은 지역 사업에서 중요한 원칙이 되었다.

"우리 아이들이 무슨 문제라도 일으켰나요?" – 학교

만나는 동네 사람들마다 학교와의 협력을 이야기하였다. 아이들과 관련된 일이라 학교가 중요한 역할을 해야 한다는 것이다. 그런데 정작 학교를 찾아가거나 사업을 제안하는 것에 대해서 부담스러워했다. 이런 상황에서는 일이 진행되지 않을 것 같아 내가 직접 인근 초등학교에 전화를 걸고 찾아갔다. 교무실에 들어서자 교감 선생이 나를 보고는 굳은 얼굴로 물었다.

"우리 아이들이 무슨 문제라도 일으켰나요?"

"그런 일로 온 것이 아니고요. 이번에 아이들 문제에 대하여 지역 차원에서 공동 대응하는 지역 네트워크 사업을 하는데 학교도 같이 참여했으면 해서 상의하러 온 겁니다."

내 말에 교감은 굳었던 표정을 풀고, 자세를 고쳐 앉으며 말하였다.

"아, 그래요. 참 좋은 일 하시네요."

마치 남의 이야기를 하는 듯해서 기분이 언짢았지만 할 이야기는 해야 하기에 지역 네트워크 추진 목적과 과정을 설명하고 현재 동네 분위기를 전하면서 학교도 적극적으로 참여해줄 것을 요청하였다. 그러자 교감은 알았다고 하면서 공문을 보내면 검토해서 연락 주겠다고 하였다. 그 후 복지관에서 공문을 보내고 다시 학교들을 방문하자 관내 초등학교와 중학교 생활부장들이 참여하게 되었다.

학교 폭력 문제 해결에 가장 중요한 역할을 하는 곳이 학교이다. 따라서 학교가 적극적으로 지역사회와 협력하여 문제를 풀어가는 것이 바람직하다. 그런데 내가 방문했던 대다수 학교들이 지역사회와 협력하는 것에 소극적이고 방어적이었다. 이는 학교 폭력이 발생하면 생활지도 하나 제대로 못하는 무능한 교사, 학교라는 인식과 모든 책임이 학교로 떠넘겨지는 것에 대한 부담감 때문일 수 있다. 또 지역사회에 뿌리내리지 못하고 옮겨 다녀야 하는 교사들의 처지도 원인이 될 것이다. 따라서 이러한 학교의 소극적인 태도를 탓하기보다는 지역 네트워크 사업을 통해 학교와 교사가 지역사회와 소통하고 협력하는 계기로 만드는 것이 중요하다.

tip. 지역 간담회 준비는 어떻게 할까?

지역 간담회 일정이 정해지면 준비 팀에서는 함께할 참여 대상을 파악하고 설득하는 일, 지역에 대한 기초적인 정보를 취합하여 자료를 만드는 일, 간담회에서 논의할 주제를 협의하는 일까지 해야 할 일이 많다. 특히 사람들을 만나고 설득하는 일은 정성과 시간이 많이 걸리기 때문에 역할을 나누어 진행한다.

참여 대상 파악하기

간담회 참여 대상은 지역에 존재하는 모든 기관과 단체, 주민이다. 우리 동네에 어떤 단체가 있는지, 적극적인 사람은 누구인지를 파악하는 것을 제일 먼저 해야 한다. 아동청소년 문제로 간담회를 열기 때문에 지역아동센터, 학부모회, 풀뿌리 주민모임, 주민센터, 주민자치위원회, 통장협의회, 학교, 지구대 등은 꼭 참여할 수 있도록 제안해야 한다.

지역 사업에서 주민센터의 협력은 매우 중요하다. 주민센터는 주민들과 접촉하는 최일선 행정기관으로 지역의 모든 정보가 모이고, 주민자치위원회와 직능단체들도 주민센터를 중심으로 활동하고 있다. 주민센터가 참여하면 주민의 자치활동에 대한 행·재정적 지원을 쉽게 받을 수 있고, 동 차원에서 공식적으로 하는 일이라는 공신력을 얻을 수 있다.

동에서 찾아볼 수 있는 기관 단체, 주민 모임

구 분	기관 단체, 모임	확인 방법
관공서	주민센터, 지구대, 주민자치위원회	주민센터
주민조직	각 아파트입주자대표회의, 학부모회	주민센터/학교
공공기관	복지관, 지역아동센터	시 사회복지과
교육기관	초·중등학교, 유치원, 어린이집, 공부방 등	교육청
직능단체	통장협의회, 부녀회, 노인회, 새마을지도자회, 방범대 등	주민센터
자생조직	번영회, 상인회, 상조회, 안전지킴이 등 자생적 단체	주민센터/자체
시민단체	풀뿌리 시민단체 등	
전문기관	청소년지원센터, 쉼터 등	시 관련 부서
기타	운동, 취미 등 각종 동아리	

동네 기초 현황 알아보기

기초적인 현황은 주민센터에 가면 쉽게 파악할 수 있다. 이를 기초로 이후 자료를 축적해가면 동네에 대한 데이터베이스를 만들 수 있다.

기초 현황 조사는 주거 단지의 기본 구조와 배치를 파악하고 주민 수, 성별 분포, 대략적인 생활수준, 공공기관의 배치와 현황, 학군 등을 파악하는 것이다. 그리고 관내도[2]를 구해 아파트 단지와 일반 주택가, 학교, 상가와 시장, 그리고 동네 곳곳에 있는 소공원과 놀이터 등을 표시하면 동네에서 위험 구역을 파악하는 데 도움이 된다.

(예시) 우리 동네 기초 현황

일반 현황으로 세대 및 인구수, 주거 단지 형태, 학교 분포 및 학생 수, 아동청소년 관련 단체나 복지기관 등을 파악한다.

○○동 기초 현황		
항목	현황	
세대 및 인구수	7,200여 세대 18,000여 명	
주거 단지 형태	아파트 단지	주공임대 2개 단지 약 2,000세대, 일반 아파트 6개 단지 약 3,800여 세대, 전체 세대의 80%
	일반 주택가	4개 블록 1,400여 세대, 전체 세대의 20%
학교	초등학교	2개교
	중학교	1개교
아동 청소년 관련 복지기관	복지관	종합복지관(장애, 아동, 노인 등)
	지역아동센터	3개 지역아동센터
	공부방	꿈나무 공부방 등 2개소
특이 사항	주공 2단지 2,000세대 영구임대 아파트	

동네 청소년 문제에 대한 실상 파악하기

아동 청소년 문제를 다루려면 동네에서 있었던 청소년 비행 등 실상을 정확하게 파악하는 것이 중요하다.

준비 과정에서 파악해야 할 내용은 다음과 같다.

❶ 우리 동네에서 있었던 아동 청소년 관련 사건·사고 사례

❷ 아이들의 비행과 일탈에 대한 주민들의 목격담과 경험

❸ 우리 동네에서 아이들이 일탈행위를 벌이는 장소와 유형 등

기본적인 자료는 경찰과 학교, 주민센터, 복지관 등 청소년 관련 기관의 협조를 구해 확보한다. 주민들의 목격담과 경험 사례는 인터뷰를 통해 취합하고, 일탈행위 장소는 현장을 직접 조사한다. 정리된 자료는 간담회에서 일차적으로 보고하고 그 이후에도 사례를 모아나간다. 특히 다음과 같은 점을 유의해야 한다.

❶ 주민센터 및 통장단, 학교 등 주요 단체 및 기관과 협의하여 간담회 일정을 잡는다.

❷ 간담회 일정 등 중요한 연락은 공식성을 갖기 위해 공문으로 한다.

❸ 중요한 단위는 꼭 직접 찾아가 설명한다.

지역사회의 뜻을 모으다 – 지역 간담회

2012년 4월 26일, 40여 일의 준비 과정을 거쳐 복지관 강당에서 지

---

2) 주민센터에 가면 해당 동의 관내도(지도)가 있다.

역 간담회가 열렸다. 아침부터 기대감에 가슴이 설렜다. 준비사항에 대한 마무리 점검을 위해 서둘러 집을 나섰다. 간담회 준비를 끝냈을 즈음, 지구대장이 큰 소리로 인사하며 들어왔다.

"안녕하세요. 오늘 모임에 마음이 쏠려서 그런지 다른 일을 못하겠네요."

활짝 웃는 지구대장을 바라보며 나도 복지관 실무자들도 기분 좋게 웃었다. 간담회에는 나와 복지관장을 비롯한 부장과 팀장, 안느마리 수녀, 주민센터의 담당 계장과 담당자, 지구대장, 자율방범대장과 대원, 영구임대 아파트 관리소장, 통장협의회 회장과 통장, 정신보건센터 팀장, 관내 초등학교와 중학교 생활부장 교사 등이 참석하였다.

참석자를 소개하고 서로 인사를 나누면서 간담회를 시작하였다. 안느마리 수녀가 먼저 말을 꺼냈다. 선배들의 강요로 집에서 돈을 훔친 아이, 오토바이 절도로 문제가 된 아이, 돌봄이 불가능한 가정환경 등 동네 아이들의 실상을 생생하게 전달하였다. 이야기를 듣는 동안 동네 실정을 잘 몰랐던 참석자들은 "정말요? 그 정도로 심각해요?" 하며 놀라워했다. 한 참석자는 초등학생들이 음란 동영상을 보고 친구와 동생들을 성추행했다는 사례를 듣고 놀란 얼굴로 "세상에, 세상에!"를 연발했다. 이어서 김 통장이 자신의 경험을 말했다.

"204동 뒤 놀이터에는 학교가 끝나는 저녁 무렵이면 늘 애들이 모여요. 담배 피우고 욕하고 떠들다 가는데, 가끔 폭행 사건도 일어나요. 여럿이 패거리로 모여 있어서 뭐라 할 수도 없고 무서워요."

김 통장의 말에 관리사무소장이 목소리를 높이며 말했다.

"그곳만이 아닙니다. 저녁 무렵부터는 '정다운 작은 숲길'을 따라 평상과 벤치는 다 우범지대가 되죠. 항상 담배꽁초가 쌓여 있고 가래침을 뱉어놔서 매일 치우는 게 저희들 일이죠. 워낙 주민들 민원이 많아 가급적 자주 순찰을 돌고는 있지만 저희들만으로는 감당이 안 되는 실정입니다. 우리가 가면 모여 있던 애들이 힐끗거리며 자리를 피했다가 다시 모이는데, 놀이터와 정자를 없앨 수도 없고……. 방법이 없습니다."

한 교사가 오늘 학교 앞에 바바리맨이 나타났다며 대책이 필요하다고 하자 지구대장은 저소득층 밀집 구역이라 워낙 사건사고도 많고 신고가 많다고 하면서 특별하게 신경을 쓰고는 있지만 현재 경찰 인력으로는 한계가 있다며 이해를 구했다. 그러자 주민센터 복지계장이 심각한 표정으로 말하였다.

"우리 동에는 영구임대 아파트가 있어서 장애인 가정, 한 부모 가정, 조손 가정, 소년소녀 가정이 다른 곳에 비해 매우 많아요. 절대적으로 보살핌이 부족한 실정입니다. 설사 부모가 모두 있다고 해도 먹고사는 문제로 아이들을 보살피기 힘든 게 이 동네 사람들의 현실입니다."

복지계장의 말이 끝나자 안느마리 수녀가 말했다.

"우리 동네에는 학교 안 다니는 애들이 많아요. 그리고 다른 동네 애들도 여기로 모여들어요. 왜냐하면 여기서는 어른들 눈치 안 보고 멋대로 행동해도 되기 때문이죠. 터치하는 사람이 없으니까요. 게다가 늘 또래 친구들이 모여 있으니 이곳에서 모이죠. 애들끼리 살거나 어른들이 일 나가서 빈집인 곳도 많아 애들이 모여 야동 보고 혼숙하고 그래요. 부모가 있어도 알코올 중독이나 장애를 가진 부모는 아이들을 감당하지 못해요. 해마다 성폭력 사건이 터지는 것도 이런 환경적인 요인이 크죠. 더 이상 이대로 놔두면 동네가 슬럼화될 것입니다. 지금부터라도 대책이 필요해요. 대책이!"

그 말에 통장협의회장이 크게 공감을 하며 이야기했다.

"맞아요. 정말 필요해요. 부모의 보살핌을 기대할 수 없는 아이들을 우리라도 보살펴야 해요. 지역사회에서 같이 고민하고 같이 해결하려고 하면 가능하다고 봐요."

이 팀장이 이제 시간이 많이 지났으니 대책을 이야기해보자고 하자 모두들 벌써 시간이 이렇게 지났느냐는 표정들이었다.

"지역사회가 서로 소통하고 정보를 공유하면서 청소년 문제에 공동 대처하는 지역 주민 네트워크를 만들었으면 합니다. 오늘 이 모임부터 시작하는 거죠. 모임도 정례화했으면 해요."

내 말에 복지관장이 덧붙였다.

"정말 좋은 의견이네요. 그리고 하나 더 했으면 합니다. 주민들이 수호천사가 되어 아이들을 도와주는 역할을 했으면 합니다."

그러자 여기저기서 좋다는 의견이 나오고 앞으로 함께할 것을 약속하며 간담회를 마무리하였다.

지역 간담회 합의 사항

주민 네트워크를 구축하고 주민들로 수호천사를 조직한다.

❶ 간담회에 참여한 단위는 모두 주민 네트워크에 참여한다.

❷ 간담회에 참여하지 못한 기관과 단체, 주민자치조직이 참여할 수 있도록 알리고 설득하여 지역사회 전체로 확장한다.

❸ 월 1회 모든 단위가 참여하는 전체 회의를 열어 주민 네트워크 구축 과정을 점검하고 당면한 지역 사업을 추진한다.

❹ 주민 네트워크 구축과 지역 사업의 효율적 업무 추진을 위해 TF 팀을 구성하여 운영한다.

❺ TF 팀은 복지관, 햇살공부방, 주민센터, 통장협의회, 영구임대관리사무소, 지구대, 학교 관계자와 신동명으로 구성하고, 필요시 추천하여 보강한다.

❻ 기타 연락과 제반 실무는 복지관에서 맡는다.

tip. 간담회 준비와 진행에 대해

우리 동네는 준비 모임을 구성하고 간담회를 진행하는 데까지 40일밖에 걸리지 않았다. 이는 준비 주체들이 지역사회 기반이 있었던 데다가 학교 폭력이 사회적으로 초미의 관심사가 되어 있는 상황이었기 때문에 가능했다. 다른 지역에서도 지역사회에서 공동체 활동의 경험이 있는 사람이 시작하면 정도의 차이는 있지만 크게 다르지 않을 것으로 판단된다. 그러나 공동체 활동을 하지 않던 사람이 시작을 하게 되면 사람도 찾고 동네 사람들 의견도 들어보고 제안하는 과정이 필요하기 때문에 3~6개월 정도가 걸릴 것으로 생각하고 움직이는 것이 좋다.

간담회를 준비할 때 준비 주체는 분위기를 자연스럽게 만들고 참여를 극대화하기 위한 방법도 반드시 토론해야 한다.

간담회 좌석 배치 및 사전 분위기 조성하기

좌석은 서로 마주 보고 앉는 형태로 배치한다. 좌석 배치의 핵심은 준비 모임 사람들이 어디에 앉느냐이다. 보통 회의나 모임에서는 진행을 맡은 주최자가 중앙에 자리 잡고 참석자들은 서로 아는 사람들끼리 모여 앉는 경향이 있다. 이렇게 서로 잘 아는 사람들끼리 이야기하고 있으면 다른 사람이 끼어들기 어렵다. 이러한 상황을 고려하여 자리 배치를 구상한다.

준비 주체 중 한 사람이 출입문과 가장 가까운 곳에 앉아 오는 사람을 반갑게 맞이하는 것이 중요하다. 다른 준비 모임 사람들도 서로 떨어져 앉아서 참석자들과 사전 대화를 조금이나마 더 하는 것이 필요하다. 이렇게 좌석 배치에 신경을 쓰는 이유는 이웃 사람끼리 수다를 떨 듯 자연스러운 분위기를 만들어 참석자들이 하고 싶은 말을 쉽게 할 수 있게 하기 위함이다.

❶ 참석자 맞이하기

준비 모임 사람들은 30분 전에는 미리 와서 오는 분들을 반갑게 맞이하는 것부터 시작한다.

❷ 사전 분위기 조성하기

모임 시작 전에 의도적으로 이야기 마당을 펼친다. 주로 준비 모임 사람들이 먼저 아이들 이야기를 꺼내고 다른 사람들의 생각을 물으면서 주제에 대한 생각을 확장시킨다. 모임 시작 전부터 이리저리 오간 마을과 아이들 이야기는 간담회로 그대로 이어지도록 한다.

간담회 진행 방식 정하기

보통 진행 방식과 순서는 주최 측에서 정한다. 그런데 이번 간담회는 인사 소개와 간략한 취지 설명을 한 다음, 진행 방식에 대한 의견을 수렴하여 정한다. 조금이라도 더 사람들의 자발성을 존중하는 의미이다.

합의 사항 확인하기

간담회 기획 단계부터 목표를 분명히 하고 추진하는 것이 중요하다. 이는 준비 과정과 당일 진행 과정에서도 마찬가지이다. 특히 당일 토론 결과를 합의 사항으로 정리하여 참석자들이 확인하는 절차를 거쳐 확정 발표하는 것을 잊지 말아야 한다.

평화로운 마을공동체를 위한 비전

간담회가 끝나고 일주일 뒤, 이후 방향과 계획을 논의하기 위한 첫 TF 팀 회의가 열렸다. 간담회 열기가 이어진 듯 추천받은 사람들이 모두 참여하였다.

"동네에서 일어나는 폭력 상황에 대해 주민들이 불안해하는데 그에 대한 대책이 시급하지 않을까요?"

내가 말하자 안느마리 수녀가 동의했다.

"정말 필요해요. 그리고 위험 요인과 아이들에 대해서도 체계적으로 조사했으면 해요. 그래야 대책도 세우고 대응도 할 수 있어요."

복지관장 역시 지역 실정에 대한 전반적인 조사에 대해 공감했다. 그 역할을 복지관이 맡아서 하겠다고 하여 사람들이 힘을 받았다. 그리고 청소년 폭력 예방 프로그램의 필요성에 대해서도 모두가 동의했다.

이렇게 서로 주고받으며 논의하는 과정에서 주민 네트워크의 활동 방향이 정리되었고, 세부 계획은 다음 논의에서 구체화시키기로 하였다. 주민 네트워크 발족은 실천 활동을 하면서 참여 범위를 넓혀 추진하기로 하였다.

시급한 안전 대책을 먼저 논의하다

두 번째 TF 팀 모임에서는 아이들의 일탈행위 시 주민들이 체감하고 있는 불안에 대해서 논의하였다. 이야기가 시작되자 "신고를 해도 대응이 너무 늦다.", "방범 순찰이 부실하다."는 불만이 쏟아져 나왔다. 차량으로 동네를 한 바퀴 빙 돌고 가는 현재 시스템은 실효성이 없다며 치안 부재가 아니냐는 비판이 나오자 지구대장이 곤혹스러운 표정을 지으며 말을 하였다.

"경찰 순찰로는 한계가 있어요. 인력도 부족하고 구역이 넓어 세세

하게 순찰하기 어려운 현실입니다. 이 동네에서 들어오는 신고가 제일 많아요. 하루 평균 50여 건입니다. 직원들이 신고받고 출동하기도 바쁘죠. 최선을 다하고 있으니 이해를 좀 해줬으면 합니다.”

통장협의회장이 궁금한 듯 물었다.

“방범대가 따로 있지 않나요?”

“자율방범대도 구역이 넓어서 차량으로 할 수밖에 없어요. 자율방범이라 우리도 이래라 저래라 하지 못합니다. 생업이 있는 사람들이 밤에 시간 내서 봉사해주는 것만으로도 고맙죠.”

지구대장이 한숨을 쉬며 말하자 다들 난감한 표정을 지었고 잠시 침묵이 흘렀다. 그래서 내가 제안했다.

“아파트 단지나 주택가 블록별로 자체적인 방범 순찰이 필요하다고 봅니다. 아이들이 주로 탈선하는 장소인 위험 구역은 반드시 도보로 순찰해야 하고요. 아파트 단지나 골목별로 자율방범대나 안전지킴이들이 필요하다고 봐요. 순찰하는 시간대도 중요합니다. 아이들이 모여드는 시간대인 하교 시간과 심야 시간에 돌아야 해요.”

“아파트 단지에 자율방범대가 있었으면 좋겠어요. 우리 직원들도 같이 하면 어느 정도는 감당할 수 있을 것 같아요.”

영구임대 아파트 관리소장이 자율방범대 이야기를 꺼내자 복지관장이 말을 보탰다.

“그게 좋겠네요. 통장님들하고 노인봉사대랑 협의해서 추진해보죠. 그동안은 관리사무소가 취약 시간대에 좀 더 수고를 해주시고요.”

이때 통장협의회장이 질문을 했다.

"그런데, 애들이 싸우고 있거나 모여서 담배 피우는 거 직접 봤을 때는 어떻게 해요? 무서워서 다가가지도 못하는데……."

"긴급 신고 시스템이 있어야 할 것 같아요. 우범 지역에 홍보 안내판을 설치하고 신고처를 게시하면 어떨까요? 신고용 비상벨도 설치하고요. 그리고 주민들이 상황에 따라 대응할 수 있는 매뉴얼이 필요하다고 생각합니다. 주민들이 서로 약속하고 현장에서 공동으로 대응한다면 문제 해결이 쉬워지지 않을까요?"

내가 말하자 오랫동안 복지관에서 일해온 김 과장이 물었다.

"좋은 방안 같아요. 그런데 담배를 피울 때와 싸움을 할 때는 상황에 따라 대처 방안이 차이가 있을 것 같아요. 보다 구체적이어야 하지 않을까요? 선생님, 무슨 좋은 방법이 없나요?"

"누구나 쉽게 할 수 있는 행동 규칙이 있어야 합니다. 이런 상황에서는 '이렇게 합시다.' 하고 약속을 정하는 거죠. 다른 아파트 단지에서도 하고 있는데 효과가 있다고 들었어요. 시안을 만들어 주민들에게 알리고 우리가 먼저 해보면서 매뉴얼을 만들면 된다고 봅니다. 안내판을 만들어 설치하는 것도 한 방법이고요. 그리고 우리가 직접 아이들 탈선 장소인 동네 놀이터나 공터 등을 찾아봐야죠. 어딘지도 확인하고 주민들 이야기도 직접 들어보면서 관리 방안을 만들어갔으면 합니다."

위기 대응을 위한 현장 매뉴얼은 TF 팀에서 주민들의 의견을 들어 시안을 마련하고 실제 현장 적용과 주민 토론을 통해 규칙을 만들어가기로 하였다. 그리고 당장 가능한 조치는 바로 시행했다.

폭력 상황을 목격하면 관리사무소와 복지관으로 신고할 것을 정하고 이를 주민들에게 방송과 게시물을 통해 알렸다. 그리고 사건 사고가 자주 일어나는 정자에는 사용 규칙을 담은 안내판을 설치하였다. 또한 지구대와 협의하여 취약 시간대 방범·순찰을 늘리고 위험 지역은 차에서 내려 도보로 순찰하기로 하고, 아파트 단지에서는 자율방범대를 구성하려고 논의 중이다.

tip. 동네 안전을 위한 조치 사항

방범 순찰을 효율적으로 강화하는 방안

방범 순찰의 효율성을 높이려면 방범에 참여하거나 이해관계가 있는 여러 관련 단위들이 순찰 시간이 달라도 서로 소통하고 유사시에는 협력할 수 있는 시스템을 만드는 것이 중요하다.

❶ 경찰 및 자율방범대 순찰 시 위험 구역은 차량 순찰보다는 도보로 순찰한다.

❷ 순찰 횟수를 늘린다.

❸ 아이들 하교 시간, 학원 마침 시간, 심야 시간 등 집중 관리 시간을 정해 순찰한다.

❹ 참여 단위별로 요일과 구역을 나누어 자체적인 방범 순찰을 시행한다.

❺ 학교는 하교 시간대에 학교 주변 놀이터와 공원 등을 순찰한다.

❻ 아파트 단지와 주택가 골목별로 자치 방범대를 만든다.

❼ 유관 기관끼리 협력과 소통을 강화하고 유사시를 위한 비상 연락망을 구축한다.

위기 상황 발생 시 신고 시스템 만들기

❶ 위기 상황에 대한 대처 방법과 신고처를 적은 안내판을 위험 구역에 설치한다.

❷ 위험 요인이 높은 곳에는 신고용 비상벨을 설치한다.

❸ 신고처는 경찰지구대와 아파트 관리사무소 등 대응이 가장 빠른 곳으로 한다.

❹ 주민에게 알려 숙지하고 활용할 수 있도록 한다.

현장 상황 유형에 따른 위기 개입 매뉴얼 만들기

위기 개입 매뉴얼은 아파트 단지와 주택가에서 주민들이 일진 아이들의 일탈행위를 보았을 때 대처하는 현장 대응 규칙이다. 이 규칙은 아파트나 골목 주민들의 논의를 통해 정하는 것이 중요하다.

아파트 단지 차원의 위기 개입 매뉴얼

아파트 단지 차원의 위기 개입 매뉴얼은 본문 155쪽을 참고한다.

위기 개입, 주택가 골목에서는 어떻게 해야 할까?

아파트 단지의 위기 개입은 입주자대표회의에서 결정하면 된다. 더

욱이 아파트의 경우는 단지라는 공간적 범위도 분명하고 관리사무소와 상시 경비 인력이 있어 위기 상황에 대한 감시와 즉시 개입이 가능하다. 반면에 주택가는 범위도 불분명하고 주민자치모임이 없는 경우가 대부분이라 매우 어려운 조건이다. 청소년들의 비행과 탈선은 아파트 놀이터에서만 일어나지 않고 주택가 소공원이나 으슥한 골목에서도 일어나기 때문에 이는 심각한 문제이다.

그러면 주택가 골목에서는 어떻게 해야 할까?

우선 모임의 성격이 어떠하든 간에 주민 모임이 필요하다. 주민들이 한자리에 모이는 자리가 있어야 무엇이라도 시작할 수 있기 때문이다. 새로 제안하여 모임을 만들거나 번영회나 골목상조회 같은 기존 모임에 제안하는 등 실정에 맞게 하면 된다. 새로 모임을 만들자고 제안할 경우 통장이나 부녀회장 등 동네 일꾼을 먼저 찾아보는 것이 좋다. 이들은 동네 사정에 밝기 때문에 모임에 많은 도움이 된다. 그 다음 주민 모임에서 동네 안전을 위한 방안을 협의하고 주민 행동 규칙을 결정하면 언제든지 골목길 위기 상황에 대한 개입이 가능해진다.

주택가 골목을 안전한 주민공동체로 만들어가기 위해서 무엇보다 중요한 것은 적극적인 주민의 존재 여부다. 단 한 사람일지라도 마음을 내고 뛰어드는 주민이 있으면 안전한 골목 공동체는 만들어지기 시작하는 것이다.

위험 구역 조사하고 관리하기

청소년 비행과 폭력이 자주 일어나는 장소인 위험 구역은 어느 동네나 있다. 이 장소는 주민들이 늘 주의를 기울여 관찰하고 관리해야 할 곳이다. 그러면 우리 동네 위험 구역은 어떻게 확인하고 관리해야 할까?

위험 구역 확인하기

동네에서 위험 구역을 잘 아는 사람들은 누구일까? 폭력과 비행으로부터 직접 피해를 받는 아이들과 하루 종일 동네에 있는 주부와 노인들이다. 그리고 아파트 경비아저씨이다. 그렇기 때문에 위험 구역을 확인하는 것은 동네를 돌아다니며 주민들을 만나 물어보는 것으로부터 시작한다. 그래서 직접 동네를 돌며 아이들과 주부, 할머니, 할아버지에게 물어보면서 우리 동네 위험 구역을 확인하였다.

아이들은 놀이터 등 위험 구역에 모여서 주로 담배를 피우는데 연령대마다 시간과 장소가 조금씩 다르다. 우리 동네의 경우, 오후 4시쯤 되면 □□아파트 놀이터에 초등학생이 와서 담배를 피우고, 6시쯤에는 중학생들이 ◇◇아파트와 상가 사이 뒷골목에 와서 피운다.

심야 시간에는 한적한 정자나 옥상이 음주 장소로 이용된다. 무리를 짓고 심한 욕설과 폭력 상황이 발생하기도 하여 주민들은 가까이 가지 못한다. 신고를 해도 잠시 피했다가 다시 모여들기 때문에 놀이터나 정자의 철거를 바라는 주민들도 있다.

내가 먼저 위험 구역을 찾아 확인한 후에 지역아동센터와 복지관,

임대 아파트 관리사무소, 통장들과 함께 확인하는 과정을 거쳤다. 이후 동장과 지방의원, 학교장 등 지역의 기관 단체장을 초청하여 위험 구역을 돌아보고 현장 토론회와 안내판을 설치하는 계획을 가지고 있다.

위험 구역 관리 방안 정하기

현장을 돌아보고 위험 구역을 확인했으면 위험 구역의 관리 방안에 대하여 주민들이 토론하여 정한다. 이 과정은 지속적으로 진행해야 한다.

다음은 주민 네트워크 모임과 현장 토론을 통해 정한 관리 방안이다.

❶ 청소년 일탈행위가 자주 발생하는 위험 구역임을 알리는 안내판을 설치한다.

❷ 안내판에는 일탈행위를 목격했을 때 주민 행동 수칙과 신고처를 표기한다.

❸ 위험 구역은 가급적 밝게 하고 청결하게 관리한다.

❹ 경찰과 자율방범대는 정기적인 순찰과 방범 활동을 한다.

❺ 아파트 단지와 주택가 골목에서 주민들이 정기적인 순찰 활동을 한다.

❻ 장소에 따라 CCTV를 설치하여 관리한다.

위험 구역에 안내판을 설치하자 그 효과가 바로 나타났다. 낮에는 늘 술판이 벌어지고 싸움이 벌어지기 일쑤이며 밤에는 청소년들이 일탈행동을 하는 정자가 있었는데, "정자는 주민의 쉼터이니 음주와 싸

움을 하지 맙시다."라고 적힌 안내판을 설치하자 술 마시는 사람이 사
라지고 다툼도 줄어들었다.

우리 동네 위험 구역

다음은 우리 동네 위험 구역이다. 동네에서 위험 구역을 조사할 때 참고하면 도움이 될 것이다.

저녁 무렵 초등학교 운동장 또는 체육관(강당) 뒤

학생들이 하교하고, 교직원 및 배움터 지킴이가 퇴근한 저녁 이후의 초등학교는 어른들의 시선이 미치지 않는 곳이다. 학교 운동장 구석이나 강당(체육관) 뒤편, 산이나 숲과 이어지는 건물 뒤편 등 초등학교는 일진 아이들이 짱 가리기 싸움(맞장 뜨기)을 하거나 물갈이 등을 하는 곳으로 이용된다.

아파트 뒤편 또는 구석진 곳에 위치한 놀이터

아파트마다 놀이터가 있다. 그런데 그 놀이터의 위치가 아파트마다 다르다. 신축 아파트의 경우 건물과 건물 사이 사람들이 잘 보이는 곳에 놀이터를 배치하지만 오래된 아파트의 경우 대부분 단지의 구석진 곳에 놀이터가 있다. 이곳에 가보면 담배꽁초와 빈 술병, 쓰레기들로 지저분하다. 일진 아이들이 주로 일탈행동을 하는 곳이다.

상권이 죽은 방치된 상가

경기가 안 좋아지면서 상권이 죽은 지역에 빈 점포와 건물이 늘어나고 있다. 상권을 고려하지 못한 무리한 계획으로 상가의 일부(주로 1층)만 운영되는 건물(상가)도 있다. 이 상가 건물들의 빈 점포와 옥상, 지하 공간들이 아이들의 탈선 장소로 이용된다. 심한 경우 지하층 전체가 비어 있는 경우도 있

는데 이곳은 늘 어두컴컴하고 어른들도 들어가기 꺼려하는 곳이다. 자칫 범죄의 장소로 사용될 수 있으므로 특별한 관리가 필요하다.

이면 도로와 연결되어 있는 반지하형 아파트 주차장

주로 경사진 면에 들어선 아파트에 있는 주차장으로 아파트 내부가 아닌 외부 이면도로에 출입구가 있는 경우이다. 이면도로 자체도 인적이 뜸한데다 언제든지 주차장 안으로 들어갈 수 있어 주차장 안쪽 사각지대

가 아이들의 일탈 장소로 이용된다.

동네 외곽의 빈집 또는 공사가 중단된 건축물

도시가 확장되면서 자연 마을이 무질서하게 커진 도농 복합형 마을의 경우 빈집과 공사가 중단된 건축물들이 있는데, 이곳이 가출한 아이들의 아지트로 많이 이용되면서 일탈과 범죄 장소로 이용되고 있다.

동네 외곽의 한적한 공원

아파트 놀이터처럼 일진 아이들이 모여 노는 장소다. 술, 담배와 같은 일탈과 물갈이와 같은 집단 폭력의 장소로 이용된다.

등산로를 벗어난 동네 뒷산 또는 학교 뒷산

주로 아이들이 싸움을 하거나 물갈이와 같은 집단 폭력이 진행되는 곳이다.

학교 정·후문에서 조금 떨어진 골목

일진 아이들의 흡연 장소이며, 등·
하교 하는 아이들에게 금품을 갈취(삥
뜯기)하는 장소로 이용된다.

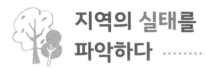

지역의 실태를 파악하다

지역 실태 조사에 대한 필요성은 간담회 준비 과정에서부터 꾸준하게 제기되었다. 전체적으로 평화롭고 안전한 동네를 위해서는 일진 등 위기 청소년과 알코올 중독자 현황을, 지역아동센터는 자기 보호 아동(나 홀로 집에 있는 아동), 정신보건센터는 자살 고위험군, 복지관의 경우는 세대와 성별, 연령 구분 없이 전반적인 문제점과 복지 수요를 알 필요가 있었기 때문이다. 지역 실태 조사와 보살핌이 시급한 아동 청소년부터 파악하기로 하였다.

지역 실태 조사

조사는 설문 조사로 진행하였다. 조사에 대한 기획과 문항에 대한 기본 설계를 복지관에서 하고, 주민 네트워크 회의를 통해 검토하고 확정하였다. 복지관은 자체 예산과 인력을 들여 조사를 진행하고 결과를 분석하여 네트워크에 보고하였다. 이처럼 단체들의 자발적 참여로 주민 네트워크의 집행력을 확보할 수 있었다.

진행 과정

❶ 기획 단계: 주민 네트워크 회의, 지역 실태 조사 시행 결정, 복지

관 책임 수행 결정

❷ 문항 설계: 복지관에서 설문 시안 작성, 주민 네트워크 논의를 통해 문항 검토 후 확정

❸ 조사 대상: 표본 200명 선정(영구임대 아파트 160명, 일반 주거지역 40명)

❹ 조사 방식: 복지관 복지사와 통장들이 주민 면접을 통한 설문 조사, 주민센터 협조

❺ 결과 분석: 복지관에서 보고서 작성

❻ 보고서 제출: 주민 네트워크 회의에 보고, 결과 공유

※ 설문 문항과 결과 분석 자료는 부록을 참고한다.

조사 결과

주민들은 지역 실태 조사를 위한 설문에서 지역에서 해결해야 할 우선 과제로 아동 청소년 문제와 더불어 노인 문제, 알코올 중독과 정신 장애 문제 등을 꼽았다.

그리고 우리 동네 아동 청소년 문제의 해결을 위해서는 아이들이 처한 가정환경과 삶의 조건 등을 고려하여야 함을 확인할 수 있었다. 보기를 들면 조손 가정이나 장애인 가정의 아이라면 아이에 대한 보살핌 대책과 함께 부모, 조부모 등에 대한 지원 대책이 함께 마련되어야 근본적인 대책이 되는 것이다.

특히 주민들을 불안하게 하는 것은 청소년들의 일탈과 일부 알코올

중독자들의 행패였고, 정자와 놀이터 등이 우범 지역임이 다시 한 번 드러났다. 그리고 주민들은 이 문제들을 우선 해결할 과제로 이야기했다. 또한 상당수 주민들은 기회가 되면 주민자치에 대한 참여 의사를 표하는 등 공동체 복원에 대한 바람을 가지고 있었다.

주민 네트워크는 이러한 주민들의 의견을 반영하여 지역과 주민 전체로 의제를 확장하고, 이후 활동에서 주민 참여를 더욱 높여나가기로 하였다.

보살핌이 시급한 아동 청소년 파악하기

이 조사는 TF 팀에서 진행하였다. 동사무소와 복지관, 지역아동센터에서 파악하고 있는 아이들 명단을 취합한 뒤 학교와 부모, 지역사회(통장 등 이웃)와 교차하여 확인하였다.

진행 방법

❶ 주민센터, 복지기관, 지역아동센터, 학교에서 파악하고 있는 아이들을 취합한다.

❷ 통 반장 또는 주민의 제보를 받는다.

❸ 아이들의 가정 및 주변 환경에 대하여 통장과 이웃에게 물어서 확인한다.

❹ 아이의 현재 상태(학업 중단과 가정 폭력 여부)를 확인한다.

❺ 아이와 보호자에 대한 상담 계획을 세운다(복수의 상담자 선정 및

사전 논의 필요).

❻ 아이와 보호자를 상담한다.

❼ 상담 결과를 취합하여 아이의 현재 상태에 따라 보살핌 대책을
세운다.

조사 결과

조사 결과 약 230여 명의 보살핌이 필요한 아이가 파악되었다. 이
아이들은 기초생활 수급 및 차상위 계층 가정의 아이들로 지속적인 돌
봄을 필요로 하고 있었다. 이 중 약 200여 명의 아이들은 학교 방과 후
돌봄 교실과 지역아동센터, 복지관 등을 통해 돌봄을 받고 있었고, 표
에서 보는 것처럼 보살핌 시간은 기관에 따라 차이가 있었다.

현재 돌봄 현황(2012년)

기 관	인 원(명)	돌봄 시간	비 고
가 초등학교	20~25	야간 돌봄(9시)	우선복지 지원/ a 아동센터 연계 운영
나 초등학교	15 내외	오후 방과 후 교실	2013년 야간 돌봄 예정
a 아동센터	50~60	야간 돌봄(9시)	초·중등
b 아동센터	35 내외	야간 돌봄(9시)	초·중등
c 아동센터	35 내외	오후 돌봄 (7시, 석식)	초등

복지관	35 내외	야간 돌봄(9시)	초·중등
d 공부방	20~25	야간 돌봄(9시)	초등

기관마다 아이들의 참여율을 알아보니 날마다 변동이 컸고 제대로 보살피지 못하는 경우도 많았다. 그렇다 하더라도 기관에 등록되어 관계를 맺고 있으면 아이의 문제를 쉽게 파악하고 대처할 수 있기 때문에 가능하면 아이들이 돌봄 기관과 관계를 맺을 수 있도록 하는 것이 좋다.

문제는 약 20여 명의 아이들이 보살핌을 받지 못하고 방치되어 있는 것이었다. 주로 초등 5학년에서 중학생까지(12~16세) 아이들이었는데, 중학생들은 대부분 학업 중단 상황이거나 장기 결석으로 인한 학업 중단 위기 상태였다. 이 아이들은 초등학교 저학년 때까지는 돌봄 기관과 관계를 맺고 있었지만 고학년이 되면서 관계가 끊어진 아이들이 대다수였다. 가정환경도 조부모, 한 부모, 이혼 가정이 많았고 남자아이가 14명으로 더 많았으며 10명은 영구임대 아파트에 살고 나머지는 주변 주거 단지에 살고 있었다. 현재 정부와 지자체, 지역사회 차원에서 이 아이들에 대한 대책과 프로그램이 전혀 없는 상태라 마음이 매우 아팠다. 주민 네트워크 차원에서 시급히 대책을 세우기로 하였다.

동네 아이들의 외침, 멈춰!
: 평화샘 프로젝트 시작

동네에는 학교 외에도 아이들이 일정시간 이상 머무는 시설들이 있다. 미취학 아동들이 다니는 어린이집과 유치원, 각종 학원과 지역아동센터와 공부방, 방과 후 교실 등이다. 아이들에게 안전한 환경을 제공하기 위해서는 학교와 가정, 동네에서 폭력에 대처하는 동일한 목표와 방법, 즉 매뉴얼이 필요하다. 그래서 조사를 해보니 폭력에 대처하는 프로그램을 진행하는 곳이 없었다.

그래서 지역아동센터, 복지관 등 주민 네트워크에 참여하고 있는 곳부터 멈춰와 역할극 등 평화샘 프로젝트를 제안하였다. 평화샘 프로젝트 교육과 보급은 연구원이면서 동네 초등학교인 ○○초에 근무하는 김 선생이 진행하기로 하였다.

"이렇게 당해봤는데 어떻게 괴롭혀요?"

가장 먼저 진행한 곳은 안느마리 수녀가 있는 지역아동센터였다. 초등학생들도 있지만 중고등학생부터 먼저 진행하기로 했다. 마침 청소년 캠프가 있어서 그 프로그램의 일환으로 진행하였다.

수안보에서 열린 캠프에서 안느마리 수녀가 ○○초 교사라고 김 선생을 소개하자 아이들은 의아한 눈빛으로 쳐다보았다. 자기들 캠프에 학교 선생님이, 그것도 모교에서 왔다는 것이 신기했나 보다. 김 선생이 처음 학교 폭력에 대한 이야기를 시작하자 아이들은 식상하다는 듯 눈을 내리깔고 손가락으로 바닥에 그림을 그리는 등 집중하지 않았다. 하지만 학교 폭력에 대한 자신의 경험을 이야기해보자고 하자 소선이가 생각난 것이 있는지 지환이를 가리키며 대뜸 말했다.

"지환아! 전에 네가 나한테 욕했잖아."

지환이는 무슨 말이냐는 듯이 어깨를 으쓱하고 입을 삐죽거리며 말했다.

"내가 언제?"

지환이의 말에 소선이와 아이들은 "헐~" 하며 어이없어 했다. 아이들이 저마다 기억하고 있는 상황을 이야기하자 지환이는 마지못해 인정을 했다.

그 상황을 가지고 역할극을 해보았다. 1단계 상황 재연은 큰 무리 없이 할 수 있었다. 2단계로 역할을 바꿔 소선이가 지환이에게 욕을 하자 지환이는 인상을 쓰고 어찌할 줄 모르더니 바로 욕이 튀어나왔다.

"지환아, 지금 욕이 나올 정도로 기분이 나쁘지?"

김 선생이 물었지만 지환이는 못마땅한 표정으로 고개만 까딱했다.

"누나가 욕을 들었을 때 누나 기분을 이해하겠니?"

김 선생의 말에 지환이는 멋쩍게 웃었다. 그 모습을 보면서 다른 아이들도 "으이그." 하며 웃었다.

이렇게 괴롭힘이 있을 때 멈춰를 하고 역할극을 통해 서로의 감정을 알아보며 문제를 풀어보자고 김 선생이 말하자 아이들은 고개를 끄덕였다. 그리고 괴롭힘의 원 역할극과 왕따 역할극을 이어서 해보았다. 특히 왕따 역할극을 할 때 아이들은 왕따당하는 장면에서 어찌할 줄 몰라하며 가슴을 치기도 하고 한숨을 쉬며 무척 힘들어했다. 왕따 역할극을 끝내고 소감을 묻자 아이들은 이구동성으로 이야기했다.

"이렇게 당해봤는데 어떻게 괴롭혀요? 앞으로는 못 할 것 같아요."

"학교에서 선생님들이 말로만 하지 말라고 할 때는 그런 생각 안 들었는데 이렇게 역할극을 직접 해보고 나니까 못 괴롭히겠어요."

"너무 가슴이 아파요. 이렇게 힘들 줄 몰랐어요."

안느마리 수녀는 캠프를 다녀오고 나서 싸움과 괴롭힘도 줄고, 아이들이 다른 사람을 배려하는 태도가 생겼다고 좋아했다.

복지관 교육 - 어른들 먼저 왕따 체험하기

복지관에서도 방과 후 교실 아이들을 대상으로 학교 폭력 예방 교육을 해달라고 요청했다. 이번에도 김 선생이 수고해주었다. 평화샘 프로젝트는 어른들이 분명한 의지를 가지고 아이들과 함께할 때 효과를 발휘할 수 있기 때문에 김 선생은 일정이 조금 늦어지더라도 교사 교육부터 했으면 좋겠다고 하였다. 그래서 복지사와 방과 후 교사 교육부터 진행하였다.

왕따 역할극을 할 때 처음 왕따 역할을 한 선생님은 한숨을 쉬고 눈을 내리깔고 어찌할 줄 몰라 했다.

"너무 힘들어요. 저 집에 가고 싶어요."

역할극을 모두 마치자 한 선생님이 말했다.

"처음에 교사 교육부터 먼저 하자고 했을 땐 굳이 그래야 하나 생각했어요. 그런데 막상 해보고 나니까 왜 그러셨는지 알겠어요."

선생님들이 먼저 왕따 피해자의 아픔에 공감해야 아이들을 도울 수 있다는 인식이 자연스럽게 공유되었다.

교사 교육이 끝나고 2주 후, 두 번에 걸쳐 아이들 교육을 진행하였다. 아이들과 왕따 역할극을 할 때 피해자 역할을 맡은 민기가 울먹이자 다른 아이들이 "에이, 울려고 한다."며 놀리려고 했다. 민기는 손사래를 치며 아니라고 변명했다.

"이건 당연히 울고 싶을 정도로 힘든 일이야. 그건 어른들도 마찬가지고. 여기 복지관 선생님들도 왕따 피해자 역할을 할 때 울려고 하셨어. 선생님이 연수한 다른 어른들도 그랬고."

김 선생이 끼어들어 말하자 아이들의 눈이 선생님에게로 향했다.

"정말요?"

"그럼, 정말 가슴이 답답하고 눈물이 나려고 하더라."

아이들이 좋아하고 신뢰하는 어른이 자신들의 아픔에 공감하자 아이들의 얼굴에서는 불안함이 사라지고, 적극적으로 자신들의 이야기를 하기 시작했다. 역할극도 당연히 열띤 호응 속에서 진행되었다. 그리고 앞으로 괴롭힘이 있으면 멈춰를 외치기로 다 같이 약속하였다.

이렇게 우리 동네에 학교 폭력 예방 프로그램으로 평화샘 프로젝트를 보급하기 시작했다. 앞으로 학교와 지역의 모든 아동센터를 비롯한 공부방과 유치원, 어린이집, 학원 등에도 보급할 수 있도록 제안할 계획이다.

의제가 확장되고 주민 네트워크의 틀이 갖추어지다

서로 돕고 보살피는 공동체-비전과 목표를 세우다

보살핌이 필요한 아이들을 파악하는 일은 동네 사정을 잘 알고 있는 통장들과의 만남을 통해서 시작되었다.

"통장님네 통에 학교 안 가고 낮에 노는 아이들 있나요? 그리고 그 아이들 집안 형편은 어떤지 아시나요?"

그러자 서 통장님이 바로 말을 받았다.

"꽤 있죠. 104동 몇 호더라? 요새 준기가 학교도 안 가고 집에도 잘 안 들어가는 것 같던데……. 낮에 슬리퍼 질질 끌고 다니고, 아파트 복도에 침이나 찍찍 뱉고 아주 못됐어. 옆 동에 민수, 동재도 다 학교 안 다니고 같이 몰려다녀."

서 통장의 말에 다른 통장들도 맞장구를 쳤다. 그래서 내가 그 아이들 집안 사정이 어떤지 묻자 김 통장이 대답했다.

"엄마도 없지. 그나마 아빠도 맨날 늦게 들어오고, 술 취하면 욕하고 때리는 일도 많아. 따지고 보면 그게 애 잘못인가."

그러자 다른 통장들도 공감하며 덧붙였다.

"부모가 장애인인 집도 많아. 이런 집은 부모가 아이들을 제대로 키울 수가 없어. 부모부터 도와야지."

"그래요. 우리 동네는 아이들뿐만 아니라 장애인과 노인들도 우리 손길을 필요로 해요. 알코올 중독자 문제도 대책이 있어야 하고요."

통장 아주머니들은 아이들과 어른들에 대한 보살핌이 함께 해결되어야 한다며 목소리를 높였다.

이러한 주민들의 목소리는 복지관에서 시행한 지역 실태 조사 결과에서도 드러났다. 지역에서 가장 시급하게 해결해야 할 문제가 무엇인지 묻는 질문에 알코올 중독과 정신장애인 문제(20.6%), 환경 문제(18%), 비행 청소년 문제(15.8%)를 꼽았고 그 뒤를 노인, 주거 문제라고 답하였다.

며칠 뒤 주민 네트워크 전체 회의가 있었다. 이날 회의에서 TF 팀은 통장, 노인 등 그동안 만났던 주민들의 의견을, 복지관에서는 지역 실태 조사 결과를 보고하였다. 이 보고를 바탕으로 앞으로 주민 네트워크가 어떤 일을 할 것인가를 논의하였다. 이심전심으로 아동 청소년뿐 아니라 독거노인, 장애인 문제까지 포함해야 한다는 것에 대해 모두 동의했다.

이렇게 의제가 확장되자 분과를 구성하여 활동할 주체에 대한 논의가 시작되었다. 분과는 아동 청소년, 장애인, 알코올 중독과 정신건강, 노인 등 4개의 분과로 나누었다. 그런데 알코올 중독과 정신장애 및 건강, 노인 문제와 같은 경우 전문적인 상담과 치료 시스템을 필요로 하는데 동네에는 이를 맡아줄 단체와 인력이 없었다. 이때 복지관장이 이야기했다.

"이렇게 확장된 의제를 다루려면 외부 전문기관들의 참여가 있어야 해요. 주민단체와 전문기관이 협력하는 네트워크가 되어야 지역 문제를 제대로 풀 수 있을 것 같아요. 전문기관들을 만나서 참여시키는 일은 제가 맡아서 해볼게요."

복지관장의 열정적인 제안과 책임 있는 태도에 모두들 박수를 쳤다. 이후 복지관장의 섭외와 설득으로 아동청소년지원센터와 아동복지관, 알코올상담센터와 치료전문병원, 구 보건소, 시니어클럽, 장애인가족협의회, 장애인자립센터 등 전문기관들이 주민 네트워크에 참여하게 되었다.

네트워크에 참여 기관 단체 - 총 33개 기관과 단체

- **주민단체:** 수곡2동 통장협의회, 햇살가득한마을만들기주민모임, 장애인모임 ○○○○, 주공2-1사무소, 주공2-2사무소, 수곡2동 주민자치위원회, 주공2-1경로당, 새마을지도자회, 새마을부녀회, ▲▲시장상가번영회, 자율방범대(11개 단체).
- **동네 소재 복지기관:** 산남종합사회복지관, 시니어클럽, 지역아동센터 3곳, 장애인자립센터(6개 기관).

- **행정 및 교육기관**: 주민자치센터, 경찰지구대, 초등학교 2곳, 중학교 2곳, 구 보건소, 시 정신보건센터(8개 기관).
- **외부 전문기관**: 청소년종합지원센터, 알코올 전문치료병원, ●●정신건강센터, 알코올상담센터, 장애인종합복지관, 시 아동복지관, 장애인가족지원센터, 지역자활센터(8개 기관).

*이후 참여 기관 단체는 늘어날 예정.

주민들의 바람을 담은 '건강한 마을 만들기 주민 네트워크'

네트워크 전체 회의에서 앞으로 해야 할 일과 참여 단체들이 정해지자 발족식을 준비하기로 했다. 가장 먼저 주민 네트워크의 명칭을 정하기로 했다. 주민들의 꿈과 마을공동체의 비전을 표현하는 이름이 좋겠다는 데 의견이 모아졌다.

"과거보다는 미래를, 부분보다는 전체를 표현해주는 이름이면 좋겠어요."

"주민들이 건강한 몸과 마음을 모아서 평화로운 공동체를 만들어가는 의미를 담았으면 해요."

"주민들이 서로를 보살핀다는 의미에서 수호천사라는 말이 꼭 들어갔으면 좋겠어요."

논의는 활발하게 진행되었다. "평화로운 마을공동체로 하자.", "건강한 마을공동체 만들기로 하자." 등 주민들의 마음속에 있는 말들이 쏟아져 나왔다. 여러 의견들을 모두 칠판에 적은 뒤 하나씩 그 의미를 토론해가면서 의견을 모아나갔다. 마침내 참석자들의 의견을 하나로 모아 '건강한 마을 만들기 주민 네트워크'로 결정하였다. 그리고 주민들의 소망을 담은 공동체의 비전과 목표를 하나씩 문구로 정리하였다.

 ### 주민 네트워크 결정 사항

1. 명칭
건강한 마을 만들기 수곡동 주민 네트워크

2. 비전
폭력과 범죄가 없는 안전하고 평화로운 마을
몸과 마음이 건강한 사람들이 사는 마을
이웃 간에 서로 돕고 보살피는 마을공동체

3. 목표
주민이 서로 돕고 보살피는 지역사회 돌봄 체계 만들기
❶ 청소년 폭력과 비행이 없는 안전한 마을공동체 만들기
❷ 폭력과 범죄가 없는 안전하고 평화로운 마을공동체 만들기
❸ 빈곤과 차별이 사라지고 이웃 간에 서로 보살피는 마을공동체 만들기
❹ 몸과 정신이 건강한 사람들이 어울려 사는 마을공동체 만들기
❺ 단 한 사람의 소외된 이웃도 놓치지 않고 찾아 보살피는 마을공동체 만들기

주민 네트워크 조직체계와 역할

주민 네트워크는 기관으로 참여한 단위는 의제별 분과에 참여하고, 통장협의회, 노인봉사대 등 주민 조직은 수호천사단을 중심으로 활동하기로 하였다.

주민 네트워크 조직체계도

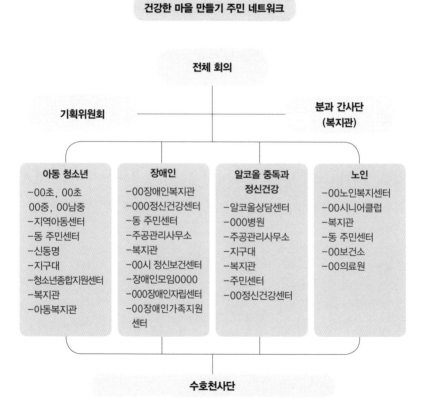

각 단위의 역할

❶ 전체 회의

월 1회 운영되는 네트워크 전체 회의로 참여 단체의 대표나 실무자가 참여한다. 지역사회 소통의 장이며, 네트워크의 운영 방향과 주민교육, 캠페인, 마을축제 개최 등 중요한 지역 사업을 결정한다.

❷ 기획위원회

분과장 4인과 간사 2인(복지관) 주민 및 기관 대표 4인으로 구성되는 위원회로 분과 간의 소통과 협력, 사례의 발굴, 사업계획 준비 및 네트워크의 기획 업무를 담당한다.

❸ 분과위원회

네트워크의 실질적인 활동 단위로 아동 청소년, 알코올 중독과 정신건강, 장애인, 노인 분과로 나누어 운영한다. 분과는 독자적인 사업계획을 세워서 집행하고, 그 진행 과정은 전체 회의에 보고한다.

❹ 수호천사단

주민들로 이루어진 실천단으로 보살핌이 필요한 이웃(아동 청소년, 노인, 장애인 등)을 파악하고 직접 보살피는 일 등을 한다. 현재 통장협의회, 새마을지도자회, 부녀회, 노인봉사단, 자율방범대 등이 참여하고 있다.

❺ 간사단(복지관)

각 분과 간사는 복지관에서 맡아 네크워크의 행정과 실무 집행력을 책임진다.

주민 네트워크 활동 원칙

❶ 지역사회가 공동으로 진행할 사업은 네트워크 전체 회의에서 결정한다.

예) 마을축제, 발족식, 캠페인, 실태 조사, 교육 및 연수 등

❷ 전체 회의에서 논의 결정한 사업을 한 단체 또는 몇몇 단체에 집행을 위임할 수 있다. 집행한 사업의 결과는 전체 회의에 보고하고 공유한다.

❸ 의제에 대한 활동은 분과에서 자율적으로 진행하고 전체 회의에 보고한다.

❹ 사례의 발굴, 분과 간의 조절, 사업계획 수립은 기획위원회에서 맡는다.

건강한 마을 만들기
주민 네트워크 발족식

발족식 준비는 TF 팀 회의에서 하기로 하였다.

발족식을 알리기 위해 복지관과 관리사무소에서는 현수막을 게시하고, 아파트 방송, 안내문, 언론 보도 자료, 초청장을 내보내기로 하였다. 주민센터도 동네 소식지와 통장협의회와 직능단체 회람을 통해 발족식 소식을 알리기로 했다.

주민들이 수호천사단에 참여할 수 있는 방안에 대해서도 논의하였다. 우선 수호천사의 취지를 알릴 수 있는 홍보지와 참가 신청서를 주민센터와 참여 단체를 통해 배포하였다. 또한 통장협의회, 노인봉사대, 새마을지도자회 등은 단체별로 참가 신청을 받았다. 발족식까지 약 50여 명(현재 100여 명) 이상이 참여하였다.

다음으로는 발족식 순서를 논의하였다. 여러 번 토론과 수정을 거쳐 영상편지에 동네 실정과 주민들의 바람을 담고 수호천사 선서와 발족 선언문 낭독은 주민 대표들이 직접 맡기로 하였다. 발족식 참가자 모두가 함께하는 거리 행진도 하기로 하였다.

영상편지를 준비하는 과정은 쉽지 않았다. 여러 차례 기획회의를 하고도 시나리오를 완성하지 못해 고심을 했다. 그러던 어느 날 안느마리 수녀가 그림일기를 보여주며 말했다.

"선생님! 됐어요. 됐어. 이거 좀 보세요. 이걸 영상편지로 만들면 어떨까요?"

누구를 기다리는지 매일 문을 열고 혼자 사는 할머니의 모습으로 시작된 그림일기에는 학교 가는 길에 보았던 술 마시고 싸우는 아저씨들이 하교 시간에도 그대로인 모습, 놀이터에서 담배 피우는 오빠들의 모습, 투신자살한 옆집 태수 아저씨를 그리워하는 내용까지 아이 눈에 비친 우리 동네 모습이 고스란히 담겨 있었다. '우리에게 수호천사가 필요해요.'라며 끝나는 마지막 장을 보는데 가슴이 먹먹해졌다.

"이거 누가 만들었어요?"

"우리 아이들이 만들었어요. 내가 시나리오를 쓰면서 끙끙대고 있는데, 희선이랑 아이들이 와서 '우리가 해볼게요.' 하더니 한 시간도 안 되어서 다 그렸어요. 우리 애들 대단하죠."

"네. 정말 대단해요. 왜 애들하고 같이할 생각을 못했을까요?"

아이들의 참여에 흥이 절로 났다. 그리고 아이들 문제를 해결한다면서 정작 아이들의 참여를 생각하지 못한 것을 반성하였다. 그림일기는 자원봉사 대학생의 도

움을 받아 영상물로 제작하였다. 경과보고 정리와 수호천사 선서, 발족 선언문은 내가 초안을 잡고 TF 팀에서 검토하여 수정하였다. 선서는 수호천사를 대표해서 통장협의회장, 노인봉사대 회장, 자율방범대장, 새마을지도자회장이 하기로 하고 발족 선언문은 안느마리 수녀와 장애인 모임 대표가 낭독하기로 하였다.

마지막으로 행사장과 안내 자료 준비는 복지관에서 맡기로 하고 세부 계획서를 만들어 진행하기로 하였다.

건강한 마을공동체를 향해 출발하는 발족식

발족식을 하는 2012년 7월 2일, 행사 전부터 복지관 주변은 많은 사람들로 북적였다. 행사장이 가득 차서 늦게 온 사람들은 뒤에 서 있어야 했다.

발족식에는 수호천사로 참여한 통장들, 노인봉사단, 자율방범대, 부녀회, 새마을지도자회 회원들, 주민 네트워크 참여 단체 회원 120여 명이 참석하였다. 그리고 청주시장을 비롯한 지방의회 의원, 관내 학교 교장과 기관장들이 내빈으로 참석하였다.

내빈 소개와 짧은 경과보고가 끝나고 아이들의 눈에 비친 동네 이야기를 담은 그림일기가 영상으로 소개되자 장내는 숙연해졌다. "정말 그래. 우리 동네 이야기야!" 하는 탄성이 흘러나왔다. 투신자살한 옆집 태수 아저씨가 보고 싶다는 이야기에서는 여기저기서 훌쩍이는 소리가 들렸다. 고개를 돌려 장내를 둘러보니 아주머니들은 연신 눈물을 닦아내고 있었다. 아저씨들도 붉어진 눈을 끔벅이며 눈물을 참는 모습이 역력했다.

영상이 끝났을 때 아무도 말을 하지 못하고 잠시 침묵이 흘렀다. 영상의 감동은 사람들의 굳센 의지와 각오로 이어졌다. 대회사를 하는 복지관장의 말에도 힘이 넘쳤고, 축하를 건네는 시장과 내빈들도 상기된 표정이었다. 수호천사 선서를 마치고 노인봉사대 회장이 앞으로 나서며 "우리 이번에는 제대로 해봅시다!" 하며 만세 선창을 하자 모두가 박수와 환호를 하며 따라 외쳤다.

이후 공동체의 비전과 목표를 담은 발족 선언문을 낭독하고 기념사진을 촬영한 뒤 거리로 나갔다. 건강한 마을을 만들자는 내용의 피켓을 들고 동네를 돌며 주민 네트워크 발족을 알렸다.

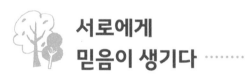

서로에게 믿음이 생기다

우리 동네는 빈민가, 떠나고 싶은 동네?

"여기 사는 거 다른 사람이 알면 창피해요. 그래서 버스 타고 집에 올 때 한 정거장 더 가서 내려서 걸어와요. 여기서 내리면 학교 친구들이 다 알잖아요."

"집 이야긴 학교 친구들한테 말 안 해요. 그냥 대충 수곡동 산다고 만 해요."

영구임대 아파트에 사는 고등학교 1학년 여학생들의 이야기이다. 이 아이들에게 자신이 사는 마을은 감추고 싶은 상처이다. 이미 초등 학교 때부터 가난하다는 이유로 놀림을 받고 그것이 왕따의 원인이 되 기도 했기 때문이다.

"알바 구할 때, 이 동네 산다고 하면 쳐다봐요. 알바 안 시켜주던데 요. 세 번이나 그랬어요. 이 동네 지긋지긋해요. 빨리 돈 벌어서 방 구 해 독립하고 싶어요."

학교를 그만두고 아르바이트를 하며 독립을 꿈꾸는 18살 창수도 여 러 번 차별받은 경험이 있다. 이 때문인지 하루라도 빨리 동네를 벗어 나고 싶어 한다.

창수만이 아니다. 어른들도 우리 동네를 떠나고 싶어 한다.

알코올 중독, 가정 폭력, 아동 학대, 성폭력 사건들은 고질적인 우리 동네 문제이며, 취객 난동과 폭력, 절도 등의 범죄 발생률도 높고, 아 파트에서 투신자살하는 일도 종종 일어난다. 그러니 누군들 이 동네에 서 살고 싶을까?

이것은 복지관에서 실시한 지역 실태 조사에서도 잘 나타난다. 주민 들에게 이사 가고 싶은 이유[3]를 묻자 '문제 있는 사람들이 모여 살아 사회적 인식이 좋지 않아서'가 가장 높게 나왔다.

주민센터 공무원, 학교 교사, 영구임대주택 관리사무소 직원들도 이곳으로 발령 나는 것을 기피한다. 설사 발령이 나더라도 가능한 한 빨리 다른 곳으로 옮겨 가고 싶어 한다.

이웃한 아파트 단지에 사는 사람들도 영구임대 아파트 때문에 집값이 안 오르고 다른 동네에 비해 손해를 본다고 생각하고 있다. 결국 영구임대 아파트와 인접해 있는 주공 아파트 단지는 입주자들의 요청으로 아파트 이름을 △△마을로 바꿨다. 학부모들 중에는 임대 아파트 아이들하고 놀지 말라고 하는 경우도 있다.

동네 사람들이 희망을 이야기하다

"저 사람들이 우리가 말린다고 술 안 먹나."

"애들도 그래. 요즘 애들이 어디 어른 말 듣나."

"그렇게 되면 좋은데, 그게 우리 동네에서 가능해?"

처음에는 주민 네트워크와 수호천사에 대해 회의적인 반응이 많았다. 우리 동네가 오히려 문제가 있는 곳이라는 이미지를 강화시킬 것이라는 생각도 있었고, 이러다가 그만두면 주민들 사이가 더 안 좋아질 것이라는 우려도 있었기 때문이었다. 특히 청소년 비행과 알코올

---

3) 이사할 계획이 있느냐는 물음에 응답자는 '문제 있는 사람들이 모여 살아 사회적 인식이 좋지 않아서'가 26.6%로 가장 높았고, '주거 시설이 좋지 않아서' 20.3%, '현재 살고 있는 지역이 교육 및 생활환경이 좋지 않아서'가 17.2%로 나타났음. 그 뒤를 '집세 등 주거비용이 과다해서' 10.9%, '시장 이용이 불편해서', '의료 · 복지 시설 이용이 불편해서'가 각각 7.8%, '이웃과 사이가 좋지 않아서', '직장에 다니기 불편해서', '기타'가 각각 3.1%로 조사되었음. – ○○종합사회복지관 지역 실태 조사 결과.

중독자의 상습 폭력에 대해서는 도저히 어떻게 해볼 수 없다는 비관적인 생각이 강하였다. 주민들의 이러한 비관적인 생각은 동네 공동체를 형성하려는 노력이 지속적으로 실패했기 때문이다. 임대 아파트가 생겼을 때는 '임차인대표자회의'도 있었고 부녀회도 있었다고 한다. 그러던 것이 점차 일반 세대가 줄어들고 시간이 지나면서 내부 갈등으로 인하여 해산되었다. 그 후에도 장애인 문제와 노인 문제를 중심으로 모임을 만들고 활동을 한 적이 있었지만 모두 흐지부지되었다. 회의적인 생각은 당시 활동에 참여했던 주민들이 더욱 강했다.

이러한 주민들의 생각은 주민 네트워크 모임이 진행되면서 변하기 시작했다. 예전과는 다르게 지역사회 전체가 참여하는 모습을 보면서 "아! 우리도 할 수 있겠다."라는 반응이 나오기 시작했다. 모임을 할 때마다 새로운 사람이 참여하면서 그것이 중요한 동력이 되었다. 새로 참여하는 사람들마다 자신이 보고 겪은 경험담과 공동체에 대한 소망을 열정적으로 이야기했기 때문이다.

"이렇게 이야기를 다 하니까 10년 묵은 체증이 내려가는 것 같다."는 한 참석자의 소감이 이를 잘 표현해준다. 소외받은 사람들은 자신의 이야기에 충분히 반응해주고 받아주는 공명 반응 속에서 자기 해방을 경험했고 그것은 모두가 함께하는 집단 치유 과정이었다. 노인봉사대 총무는 노인들이 앞장서서 방범을 돌 테니 같이 방안을 얘기해보자고 적극적으로 나서기도 했다. 이런 분위기는 발족식을 계기로 동네 전체로 확산되었다. "우리 동네는 안 돼, 해봤자 소용없어." 하던 것이 "우리 동네도 변할 수 있어. 우리가 한번 해보자."라고 바뀌고 있다. 주민들이 희망을 품기 시작한 것이다.

정자 철거에 대한 토론을 통해 협의와 조절을 배워나가다

주민 네트워크 모임이 활성화되면서 가장 먼저 논의된 것은 복지관 앞에 있는 정자에 대한 것이었다. 주민들의 휴식 공간인 정자에서 일부 알코올 중독자들이 하루 종일 술 마시고 행인에게 소리를 지르고 행패를 부리는 등 상습적인 폭력을 일삼았기 때문이다. 또 밤이 되면 정자는 청소년들의 차지가 되었다. 술, 담배는 물론이고 성폭력이 벌어지기도 하고 여름이면 가출 청소년과 취객의 잠자리가 되기도 한다. 그래서 철거를 원하는 주민들이 많았다.

네트워크 회의에서 정자 철거에 대한 입장은 찬반으로 팽팽하게 나뉘었다. 철거를 주장하는 쪽은 노인봉사대와 통장단과 같은 주민 모임 대표들로 취객이나 청소년 일탈을 자주 목격하고, 말리다가 봉변을 당한 경험이 있는 사람들이었다. 반면에 다른 단체들은 정자는 주민의 쉼터니까 그대로 두고 개선 방안을 마련하자는 것이었다. 복지관과 관리사무소, 주민센터에서는 조심스럽게 토론을 지켜보며 입장을 유보하고 있었다. 그때 철거를 강하게 주장하던 노인봉사대 총무가 버럭 소리를 지르며 말했다.

"아. 그러면 당신이 한번 말려봐. 하루에 한 번씩 멱살 잡히고 욕먹어봐. 그래도 놔두자고 할 거야!"

순간 분위기가 싸늘해졌다. 모두들 난감한 표정을 지으며 입을 다물었다. 특히 아주머니들은 불만 섞인 표정이 역력했다. 어느 누구도 더 이상 의견을 제시하지 않았기 때문에 정자 문제는 따로 날을 잡아서 토론하기로 하고 회의를 마쳤다.

그런데 다음 회의를 잡기가 쉽지 않았다. 노인들이 화를 내는 것에 대해서 젊은 사람들이 아예 만남 자체를 기피하게 된 것이다. 이대로 놔두면 노인과 젊은 세대의 갈등으로 확산될 가능성이 있었기 때문에 토론에 참여한 분들(노인, 통장, 관리사무소장 등)을 따로 만났다.

통장 아주머니들에게 만남을 회피하는 이유를 물었다.

"자기주장만 하고 고집부리다 소리 지를 텐데 토론이 되겠어요?"

통장 아주머니들은 남자 어른은 주장이 강하고 고집이 세서 같이 이야기하기가 꺼려진다고 했다. 그동안 늘 그래왔다는 것이다. 서로 존중하고 조절해가며 해보자고 설득하자 회의에 참여하겠다고는 했지만, 마지못해 한다는 느낌이 들었다. 통장 아주머니와 헤어져 돌아오는 내내 마음이 심란했다.

이튿날 경로당으로 노인봉사대를 찾아갔다. 회장과 총무, 노인 몇 분이 이야기를 나누고 있었다. 인사를 하고 조심스럽게 이야기를 꺼내려는데, 총무님이 먼저 말했다.

"나 때문에 회의 분위기 망쳐서 미안해. 다음부터는 조심하고 안 그럴게."

그리고 회의에서 사과부터 했다. 앞으로는 자기감정을 조절할 테니까 도와달라고 부탁했다. 이러한 노인들의 태도 변화는 놀라운 결과를 가져왔다. 그동안 주민들 사이에 세대와 성별에 따라 서로 경계하며 꺼려하고 피하는 경향이 공동체 생활에서 큰 장애물이었는데 극복할 수 있는 힘이 생겨난 것이다.

보살핌을 위한 그물망을 설계하다

주민 네트워크를 발족하고 나서 아동청소년분과[4]에서 가장 먼저 한 일은 아이들을 보살피기 위해 우리가 무엇을 어떻게 할 것인가를 구체적으로 결정하는 일이었다. 이를 위해 분과 참여자들이 머리를 맞대고 서로의 생각을 모았다. 이야기를 나눠보니 우리가 놓치고 있는 부분이 많았다.

"지역아동센터에 오는 아이들은 그나마 낫죠. 문제는 혼자 집에 있는 아이들이에요. 위험에 그대로 노출되어 있는데 어른들은 전혀 모르고 있잖아요."

---

4) 아동청소년분과에는 분과장인 필자와 간사인 지역복지관 박 팀장을 비롯하여 3곳의 지역아동센터장, 3곳의 관내 학교 교사, 청소년지원센터 상담사, 아동종합복지관 상담사 등이 참여하고 있다.

"정확한 파악이 안 돼요. 학교에 부탁해도 협조가 잘 안 되고요. 센터로 오는 아이들은 얼굴과 차림만 봐도 징후를 알아 대처할 수 있는데, 혼자 있는 아이들은 방법이 없죠."

"중요한 것은 보살핌이 필요한 아이들을 파악하는 거라고 봅니다. 최소한 어른들 시선에 아이들이 있어야 해요. 그러려면 학교와 수호천사의 협력이 꼭 필요합니다."

"혼자 있는 아이들을 방치하면 은둔형 외톨이가 되거나 동네를 배회하며 일탈행동을 하기 쉬워요. 그리고 학업을 중단한 아이들도 파악하고 대책을 세웠으면 합니다."

"우리가 해야 할 일은 크게 두 가지 방향인 거 같아요. 동네 아이들을 보살필 수 있는 안전 그물망을 만들어가는 것이 중요해요. 이를 위해서는 혼자 있는 아이들을 파악하고 보살핌 시스템을 만들어 가동하는 것이 필요합니다. 다른 하나는 학교를 그만두고 동네를 배회하거나 은둔형 외톨이 같은 아이들을 치료하고 보살피는 별도의 프로그램이 필요합니다. 하나씩 논의해서 계획을 세우고 실행했으면 합니다."

모두가 공감하면서 회의를 마쳤고 아이들의 목소리를 들어본 다음에 세부 계획은 분과 모임과 소그룹 논의를 통해서 구체화하기로 하였다.

그 후 아이들을 만나보았다.

"그냥 혼자 놀아요. 심심하면 TV 보거나 컴퓨터 하고……."

"형들이랑 동네 돌아다녀요. 집에 가봐야 아무도 없어요."

"주로 집에서 놀아요. 형들도 놀러 와요. 게임하고 그래요. 엄마는

12시나 돼야 와요."

혼자 있는 아이들이 범죄와 일탈행위에 노출될 수밖에 없다는 것이 아이들 목소리에서 그대로 드러났다. 이런 상황이니 어른들은 사고가 발생한 다음에야 문제에 대해서 알게 되는 것이다.

우리 동네 보살핌 안전망

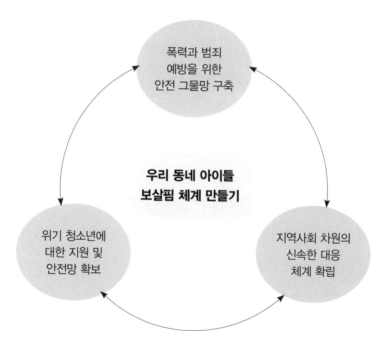

폭력과 범죄
예방을 위한
안전 그물망 구축

우리 동네 아이들
보살핌 체계 만들기

위기 청소년에
대한 지원 및
안전망 확보

지역사회 차원의
신속한 대응
체계 확립

자기 보호 아동 실태 조사

마을에는 항상 방치되고 있는 아이들, 즉 자기 보호 아동이 있다. 하루 종일 방치되어 있는 아이들도 있지만 하루에 1~3시간 정도 혼자 있는 아이들도 있다. 2011년 현재 전국적으로 이러한 자기 보호 아동은 97만 명에 달한다고 한다. 하루 종일 방치되어 있는 아이들은 지역아동센터나 복지관을 통해 도움을 주는 시스템을 마련하고 있는데 1~3시간 정도 방치된 아이들은 현재 정책의 사각지대에 놓여 있다고 볼 수 있다. 이런 아이들은 갈 데가 없기 때문에서 거리에서 방황하거나 빈집에 모여 일탈행위를 하는 경우가 많다. 주민 네트워크에서는 먼저 우리 동네의 실상을 파악하기로 하고 아동청소년분과에서 이를 진행하기로 했다.

생활시간 조사

아이들의 하루 생활을 파악하는 것은 네트워크 차원에서 할 수 있는 일도 아니고 주민센터도 많은 예산과 시간이 소요되기 때문에 쉽지 않은 일이다. 학교에서 진행하는 것이 가장 쉽고 빠르기 때문에 학교에 협조를 요청했다.

학교에 대한 요청 사항

1. 목적

방과 후 1~3시간 정도 혼자 있는 아이들을 파악하여 보살핌 대책을 마련
한다.

2. 요청 사항

1) 반드시 전수 조사(담임교사가 학급에서 시행)를 한다.

2) 조사 전에 교직원 연수를 통해 의미와 방법을 공유한다.

　– 학교의 요청이 있으면 분과에서 참석하여 설명한다.

3) 가정통신문과 학부모 모임을 통해 학부모의 협조를 구한다.

4) 초등학교 저학년은 담임교사의 역할이 특히 중요하므로 충분한 설득을
통해 적극적으로 참여할 수 있도록 한다.

3. 조사 내용 및 방법

1) 아이의 1주일 동안의 하루 생활 주기를 조사한다.

2) 조사지 작성 후 추가 확인이 필요한 경우 교사가 개별 면담을 통해 보
충한다.

3) 1차 파악 후 학부모와 연락하여 확인 과정을 거친다.

4. 조사 후 조치

1) 파악된 결과(보살핌이 필요한 아이)를 취합 정리한다.

2) 분과(지역사회)와 학교가 협의하여 보살핌 대책을 세운다.

3) 학교에서 방과 후 교실 또는 돌봄 프로그램 확대를 요청한다.

예시) 나의 일주일 생활

학년   반 이름 (   )

어디에서 누구와 무엇을 하는지 간단히 기록해주세요~

	월	화	수	목	금	토	일
오전 6시							
7시							
8시							
9시							
10시							
11시							
12시							
오후 1시							
2시							
3시							
4시							
5시							
6시							
7시							
8시							
9시							
10시							
11시							

지역 차원에서 조사하기

학교뿐만 아니라 지역 주민들도 보살핌이 필요한 아이들을 파악할 수 있는 위치에 있다. 그래서 먼저 통장을 중심으로 한 수호천사들이 그런 아이들을 찾아서 아동청소년분과로 연락하기로 했다. 그리고 도움이 필요한 아이를 찾기 위한 체크리스트를 만들었다.

<보살핌이 필요한 아동 청소년>

- 늘 혼자 있는(집 또는 주변 놀이터 등) 아이
- 계절에 맞지 않는 차림(겨울에 맨발, 슬리퍼 등)을 하고 있는 아이
- 씻지 않아 냄새가 나고 외모와 옷차림이 지저분한 아이
- 집에서 나오지 않는 아이(은둔형 외톨이)
- 학교에 있을 시간(오전)에 동네를 배회하는 아이(학업 중단 청소년)
- 수호천사가 보기에 어른들의 도움이 필요하다고 생각되는 아이

현재 이러한 과정을 통해서 10여 명의 아이들을 파악했고, 아동센터로 연결하거나 수호천사들이 개별적으로 멘토링을 하면서 아이들을 보살피고 있다.

지역 차원 보살핌 망 만들기

지역사회에서 아이들을 위한 보살핌 망을 만들기 위해서 지역사회의 아동 청소년 보살핌 가용 자원을 확인하는 것부터 시작하였다.

지역 보살핌 자원 조사하기

지역 보살핌 자원에는 각 학교에서 시행하고 있는 방과 후 교실(돌봄 교실 포함)과 지역아동센터, 복지관 방과 후 프로그램, 공부방 등이 있다. 초등학교 방과 후 교실의 경우 수업이 끝나고 2시간 정도 운영하고 지역아동센터를 비롯한 학교 밖의 방과 후 공부방은 최소한 저녁시간까지 운영하며 중학생까지 보살피는 센터는 밤 9시까지 운영하고 있었다.

프로그램 확인하기

지역아동센터와 방과 후 공부방의 프로그램은 대부분 저소득층 아이들에 대한 학습 지도와 지원을 목적으로 하고 있다. 그런데 실제 운영되는 것을 보면 공부방마다 차이가 컸다. 공통점이 있다면 정부 보조로 저녁밥을 제공하고 공부방 형태로 운영되고 있는 것이다. 아이들 학습 지도만 봐도 일대일 또는 그룹 지도를 통해 체계적으로 학습 지도를 하는 곳도 있지만 자율학습이라는 이름 아래 방치되는 곳도 있었다. 학습 지도 차원을 넘어 멘토링, 심리상담 및 치료 등 보살핌 프로그램을 운영하는 아동센터도 있고, 정부 보조금 한도에서 형식적으로 운영하는 곳도 있었다.

이러한 상황에서 지역에서 보살핌 망을 만들려면 아동센터와 공부방 운영자가 어떤 신념과 목표를 가지고 어떤 프로그램을 운영하고 있는지 파악할 필요가 있다.

결론적으로 지역아동센터의 조건이 천차만별이기 때문에 공유된 프로그램을 운영하기 어렵다는 것이 확인되었다. 이 문제를 해결하려면 지역에서 지역아동센터 간의 네트워크와 공유된 프로그램, 연수가 꼭 필요하다. 이러한 문제도 주민 네트워크 차원에서 모색하기로 하였다.

주민 네트워크의 힘과 앞으로의 과제

추석 일주일 전에 주민 네트워크의 힘을 확인할 수 있는 사건 하나가 생겼다. 동네 중학생 3명이 초등학교 5학년 아이를 협박해서 엄마 몰래 복지카드[5]를 가져오게 한 것이다. 중학생들은 이 카드로 74만 원을 인출해 가출을 하였다. 예전에는 이러한 사건이 생기면 경찰에 신고부터 하였다. 그런데 이번에는 경찰에 대한 신고와 함께 주민 네트워크로 연락이 왔다. 주민 네트워크 아동청소년분과는 바로 회의를 통해 이 문제를 동네 공동체 차원에서 푸는 것이 좋겠다는 인식을 공유하였다.

먼저 아이들을 찾기로 했는데 어른들로서는 쉬운 문제가 아니었다.

---

5) 기초생활 수급권자가 정부에서 지급하는 생활보조금을 수령할 때 사용하는 현금 인출용 카드.

찾는 것도 어렵지만 찾고 나서 설득하는 것도 문제였기 때문이다. 궁리 끝에 예전에 일진 생활을 하다가 지금은 그 생활을 그만둔 고등학생들에게 도와달라고 부탁했다. 고등학생들은 하루 만에 아이들을 찾았고, 후배들을 설득해서 데리고 왔다.

그런데 아이들이 집에는 절대 들어가지 않는다고 버티는 것이었다. 그리고 부모들도 "죽이든 살리든 알아서 하세요.", "성일이 때문에 우리 애가 문제가 됐어요."라고 만남 자체를 거부하였다. 난감했지만 아동청소년분과에서 지속적으로 설득을 했다.

학교로 복귀할 수 있도록 돕고 동네 차원에서 대안 교육 프로그램을 만들겠다는 비전을 제시하자 만남에 동의하였다. 서로 원망하는 마음을 갖고 있던 부모 모임의 분위기는 썰렁했지만 누구의 책임을 묻기 위한 것이 아니라 함께해야 할 약속을 정하는 자리라는 것을 분명히 하고, 자연스럽게 서로의 어려움을 이야기하도록 유도하자 부모들도 적극적으로 말하기 시작했다. 그리고 아이들에게 절대 폭력을 행사하지 않겠다는 것과 이후 문제가 생기면 서로 연락하면서 아이들 문제에 공동 대처하기로 하였다. 부모들의 생각과 태도가 변하자 아이들도 안심하고 집으로 돌아갔다.

그 후 동네에서 아이들에게 문제가 생기면 주민 네트워크로 연락을 해오고 있다. 학교에서도 "요즘에 학교 안 나오는 아이가 있는데 도움을 주실 수 있나요?"라며 연락을 해온다. 이 사건을 해결한 후 분과 회의에서 "이게 바로 공동체구나!"라는 말이 나오고 모두가 공감한 것은 이러한 분위기를 잘 보여준다.

물론 주민 네트워크는 출범한 지 1년이 채 되지 않았기 때문에 여러 가지 부족한 점이 많다. 현재 진행 중인 영구임대 아파트 전수 조사, 자기 보호 아동에 대한 생활 조사 등 실태 조사를 마무리하고, '평화샘 프로젝트'를 학교, 지역아동센터, 어린이집, 유치원 등 지역사회에 지속적으로 보급할 것이다. 이제 2년째 접어들면서 몇 가지 새로운 과제를 추진 중이다.

먼저 아이들 각자의 요구에 맞는 솔루션 협의회를 지역 차원에서 마련하는 것이다.

이를 위해 중요한 것이 수호천사 활동을 활성화하는 것이다. 현재 동네 주민들 100여 명이 수호천사로 참여하고 있다. 많은 사람들이 열의를 갖고 참여하려고 하지만 아직은 수호천사의 구체적인 역할과 활동에 대한 인식이 부족한 편이다. 그래서 수호천사 교육을 정례화하고 아동 청소년, 독거노인, 장애인을 도와주기 위해 필요한 조치와 점검 포인트, 비상 연락망 등을 담아『수호천사 활동 매뉴얼』을 만들기로 하였다.

이렇게 수호천사들의 활동이 제자리를 잡게 되면 주거 단지별 수호천사 모임도 하고, 한 아이를 어떻게 도울 것인지에 대해 수호천사와 부모, 교사, 지역 전문가들이 함께 참여하는 솔루션 협의회를 만들 수 있을 것이다.

또 하나의 과제는 위기 청소년을 위한 공간을 만드는 것이다.

위기 청소년들을 여럿 만나면서 그들을 위한 공간과 프로그램이 부족하다는 것을 뼈저리게 느꼈다. 아이들은 이구동성으로 갈 곳이 없다고 말한다. 아이들의 이러한 요구에 부응하기 위해 주민 네트워크에서는 위기 청소년을 위한 공간으로 '쉼터'를 만들 계획을 세웠다. 이를 위해 '위기 청소년 쉼터 마련을 위한 100인 위원회'를 구성하기로 하였다. 내 생각에는 청소년이 자신들의 개성을 자유롭게 발휘할 수 있는 청소년 센터, 소극장, 공연장 등도 추진해야 한다고 본다. 그리고 이러한 활동을 위해서 어른들과 아이들이 함께 참여하는 동네 문화위원회도 구상 중이다.

위기 청소년을 위한 프로그램도 준비 중이다. 이 프로그램은 주민들과 아이들의 의견을 듣고 다른 곳의 사례도 찾아보며 동네 주민들의 재능 기부를 받아 아이들이 세상을 향한 꿈을 꾸고 준비하는 데 실질적인 도움이 될 수 있는 내용으로 잡기로 했다. 이를 위해 아이들을 도와줄 수 있는 주민들의 재능 자원을 조사하고 연결할 필요가 있다.

마지막으로 첫해에는 동 차원의 문제 해결에 집중했지만 이제는 시 차원의 프로그램도 제안하려고 한다. 위기 청소년 문제는 모든 주거 단지가 안고 있는 문제이기 때문에 시 차원에서 이 문제를 풀어가기 위한 토론회, 사례 발표회, 시의원 또는 공무원들과 간담회도 추진하고 관련된 예산 편성도 요구할 생각이다. 이미 우리 동네에서는 거의 모든 기관이 아이들을 위한 자체 예산과 주민 네트워크 운영과 관련된 예산을 편성하고 있기 때문에 시에 대한 요구는 자살 예방, 중독 문제 등 지방자치단체와 정부가 당연하게 지원해야 할 내용이 중심이 될 것이다. 요즘 마을 만들기가 전국적으로 많이 진행 중인데 그러한 프로그램과 연계하는 방안, 그리고 풀뿌리 프로그램으로서의 가능성도 함께 모색해볼 수 있을 것이다.

이 매뉴얼에 나오는 청주 금천 H 아파트는 1,000여 세대 4,000여 명이 거주하는 비교적 큰 규모의 아파트 단지다. 분양된 지 20년이 지나 젊은 세대보다는 중·장년층이 많이 살고 있다. 초등학교, 중학교가 바로 인접해 있어 아파트 단지가 학생들의 등·하굣길 통로로 이용되고 놀이터와 정자는 일진 아이들이 찾아와 담배 피우며 노는 곳이다.

4장

아파트 공동체 사례 및 매뉴얼

마을에서 함께 살기

2011년 7월 이곳 놀이터에서 일진 아이들의 물갈이 사건이 있었고, 이것을 목격한 아파트 동 대표와 주민들이 '폭력 없는 평화로운 아파트'를 만들자는 운동을 제안하여 아파트입주자대표회의를 중심으로 실천 중에 있다.

지금까지 9년째 한 아파트 단지에 살고 있다. 공동체 운동을 하는 단체에서 활동하기 때문에 아파트 공동체 운동의 중요성에 대해서 알고는 있었지만 내가 그 활동을 한다는 생각은 없었다. 아파트가 아닌 농촌마을에서 공동체를 이루고 살겠다는 것이 소망이었고, 무엇보다도 아파트 생활에 정이 가지 않았기 때문이다. 매일같이 반복되는 주차 전쟁, 숨 막히게 하는 콘크리트 건물, 막힌 건물 사이로 보이는 네모난 하늘 등 아파트는 솔직히 살고 싶은 공간이 아니었다. 아파트는 새로운 공동체를 찾아 떠나기 전 잠시 머무르는 곳이고, 될 수 있으면 빨리 떠나야 할 곳이었다. 이처럼 아파트에 대한 애정이 없다 보니 지금까지 옆집에 누가 사는지도 몰랐다.

그런데 최근 아파트 공동체 문제를 깊게 생각할 수 있는 두 가지 계기가 있었다.

하나는 아파트 동 대표를 맡게 된 것이다. 동 대표는 동을 대표하여 아파트입주자대표회의에 참여하여 아파트의 살림살이와 주요 정책을 결정하는 일을 한다. '역할이 사람을 만들고, 아는 만큼 보인다.'고 동 대표를 맡고 나서는 그냥 지나치던 아파트의 모든 것이 예사롭지 않았다. 그 뒤로는 아침에 출근할 때 아파트 게시판을 보는 것이 습관이 되었다.

또 하나는 '학교 폭력에 대처하는 지역사회 역량 강화를 위한 실천적 연구'에 참여한 것이다. 이 연구에 참여하면서 학교 서열의 최상위에서 왕따, 전따, 빵셔틀 등 심각한 학교 폭력을 주도하는 일진과 일진 문화의 실상을 이해하게 되었다. 아파트 주민으로서 더 심각하게 다가

온 것은 일진 아이들이 학교를 벗어나면 주로 아파트나 주택가의 놀이터, 공터 등에 모여서 일탈행위를 벌인다는 사실이었다. 그리고 우연히 일진 아이들이 벌이는 '물갈이' 사건을 알게 되었다. 그것이 가족들에게 미치는 영향을 파악한 후 아파트 주민들을 먼저 만나려고 시도한 것이 진짜 동네 사람이 되는 계기가 되었다.

주민들 마음의 문을 두드리다
: 주민 인식 조사

먼저 우리 아파트 사람들이 일진 문제를 어떻게 생각하는지 알아보기 위해 가족들과 함께 주민 인식 조사를 하기로 하였다. 조사 방법은 사람들의 직접적인 목소리를 듣기 위해서 면담 조사 방식으로 진행하였다. 면담은 직접적인 피해를 당하고 있는 아이들과 노인들, 주부들을 먼저 만나고, 경비 직원과 관리사무소장 순으로 진행하였다.

"형들이 몰려 있으면 그냥 다른 데 가서 놀아요." - 아이들

아이들을 만나기 위해서 아내와 함께 물갈이 사건[61]이 벌어졌던 놀이터로 갔다.

오후 2시경이었는데 아이들이 한 명도 보이지 않았다. 놀이터를 둘러보니 황량한 기분이 들었다. 어른 키 높이까지 자란 쥐똥나무 울타리로 둘러싸인 놀이터는 안쪽이 잘 보이지 않고, 풀들이 무성했다. 놀이기구들은 페인트칠이 벗겨져 보기에도 흉하고 바닥에는 벽돌이 여기저기 흩어져 있어 아이들이 놀다가 다칠까 걱정이 될 정도였다.

물갈이 사건이 있었던 등나무 벤치는 대낮인데도 어두컴컴했다. 바닥에는 담배꽁초가 널려 있고, 의자는 불에 탄 흔적까지 있어 밤에 어떤 일이 벌어지는지 상상이 되었다. 공공 공간인 놀이터가 이렇게 방치된 것은 공동체의 마음이 이곳을 향하고 있지 않는 것이라고 생각하니 답답하기도 하고 아이들에게 미안한 마음이 들었다.

잠시 기다리니 초등학교 6학년 남자아이 두 명이 왔다. 아이들에게 다가가니 경계하는 눈빛이 역력했다.

"아저씨는 108동에 살아. 지난번 여기 등나무 아래서 중학생 형들이 초등학생을 때리는 것을 봤어. 너희들도 그런 것 본 적 있니?"

같은 동네 사람이라는 말에 경계가 누그러졌는지 선선히 대답했다.

"그 형들은 저쪽 등나무 밑에서 모여요. 저번에 제 친구는 돈도 뺏겼어요."

"그런 형들은 무서워요. 아예 피해요."

"그 형들은 담배도 피워요. 요렇게 쪼그리고 앉아서……."

---

6) 본문 15쪽 일화 참조.

"일진 형들이 시비 틀까 봐 겁나서 돈 있을 때는 놀이터에 안 와요."

"놀고 있을 때 일진 형들이 오면 '경찰놀이 하자.' 이러면서 흩어져서 집으로 가요."

아이들의 말에는 일진 아이들에 대한 두려움이 묻어났다. 그 뒤에도 10여 명의 아이들을 만났는데 모두 같은 경험을 가지고 있었다. 자신들의 공간인 놀이터에서 마음 놓고 놀 수 없고 피해 다녀야 하는 아이들의 처지를 생각하니 가슴이 답답했다. 아이들의 이야기 가운데 "놀이터에 어른들이 있으면 정말 좋겠어요."라는 말 속에서 안전한 놀이터를 갈망하는 아이들의 소망을 확인할 수 있었다.

애들(일진 아이들) 문제, 관심이 중요한 거여." - 할머니

우리 아파트 경로당은 할머니와 할아버지 경로당으로 나뉘어 있다. 먼저 할머니 경로당으로 갔다. 문을 열고 들어가니 7~8분이 둥글게 둘러 앉아 한창 이야기꽃을 피우고 있었다. 일제히 바라보는 시선에 다소 긴장이 되었는데, 마침 어머니 친구분이 계셔서 반갑게 맞아주셨다. 놀이터에서 있었던 물갈이 사건을 말씀드리니 할머니들이 그간 겪었던 일들을 이야기하셨다.

"언제도 한번 중학생으로 보이는 애들 대여섯 명이 앉아서 '때려, 때려!' 이렇게 시키더라고. 코피를 얼마나 흘리던지. 내가 어떻게 할 수가 있어야지. 그래서 104동에 사는 젊은 남자가 지나가고 있길래 '아이구, 저거 말려야지. 큰일 나겠어.' 하니까 이래 보더니 그냥 집으로 들어가더라고. 나중에 가보니 피가 여기저기 묻어 있고, 피 묻은 휴지가 나뒹굴어 있더라고."

"저번에는 중학교 아이들이 밤늦도록 떠들고 욕을 하니 잠을 잘 수가 있어야지. 그 위층 아저씨가 '이노무 새끼들 떠들지 말라'고 소릴 쳤더니 '아저씨가 보태준 거 있어요?' 이러면서 막 대들더라고."

일진 아이들을 자주 보셔서 그런지 할머니들의 이야기는 너무도 생생했다.

"한번은 마루에 앉으려고 하는데 중학생이나 될 겨. 여자애를 끌어안고 머리를 쓰다듬는데, 민구시려서 있을 수가 있어야지. 그래서 그냥 왔어."

"시상에, 그 앞에서는 하지 말라고 말도 못 해. 겁나서."

아이들에게 말도 못하고 그 자리를 피하면서 속만 태웠을 할머니들의 어려움을 느낄 수 있었다. 그럴 때 관리사무소로 연락하고, 아파트 방송을 들으면 함께 나오는 게 어떠냐고 말씀드리니,

"그렇지, 그렇지. 관심이 중요한 거여. 그런 건 나도 할 수 있어."

할머니들은 적극적으로 호응해주셨다.

"그런데 아이들을 우리 아파트에서 내쫓는다고 해결되는 것이 아니라서 고민이에요. 그 애들도 보살핌을 받지 못하고, 스트레스가 워낙 심하니까요."

"그려. 갸들이 가정적으로 불만이 있어서 그랴. 부모는 밤낮 돈 번다고 늦지, 애들은 학원 다녀야지. 집안에 있어도 재미가 있어야지."

"맞어, 맞어. 애들이 무슨 죄가 있어."

한 할머니가 요즘 아이들의 딱한 처지를 걱정하자, 모두 공감을 하셨다.

노인분들은 아파트에서 마땅히 쉴 공간도 없고, 갈 곳도 제대로 없다. 가정과 아파트에서 소외받고 자기 목소리를 내지 못하는 처지가 아이들과 같아서 그런지 누구보다도 쉽게 공감하고 적극적으로 호응해주셨다. 일진 문제를 함께 해결하는 과정이 세대 간 소통과 공감대를 형성하는 계기가 될 수 있겠다는 생각이 들었다.

"다른 아파트도 같이해야지." - 할아버지

할머니들을 만난 다음에 할아버지 경로당으로 찾아갔다.

웃음꽃이 피던 할머니 경로당과는 다르게 할아버지 경로당은 분위기가 썰렁했다. 3명밖에 없었는데 한 분은 신문을 보고, 두 분은 장기를 두고 계셨다. 인사를 드리고 찾아온 이유를 말씀드렸더니 하시던 일을 멈추고 젊은 사람들이 좋은 일 한다고 칭찬부터 해주셨다. 그리고 일진 아이들과 관련된 경험을 들려주셨다.

"우리 집이 놀이터 바로 옆인데 밤늦게까지 소리 지르고 떠들고 해서 잠을 잘 수가 있어야지."

할아버지들도 일진 문제를 심각하게 느끼고 계셨다. 노인회장님은 자율방범대를 만들어 몇 번 순찰을 돌고 그것이 소문나면 아이들이 오지 않을 것이라는 나름의 문제 해결 방안을 말씀하셨다. 그 이야기를

듣고 아내가 아이들을 내쫓는 것이 능사가 아니라 도움을 줄 수 있는 방안을 생각하고 있다고 했더니,

"그 아이들도 갈 데가 없는 불쌍한 아이들이긴 해. 그 애들한테 막 소리 지르고 내쫓기만 해서는 안 되지. 오히려 반항할 거여. 조용히 타이르고, 좋은 얘기도 하고. 그렇게 몇 번 하고 나서는 부모에게 알려야 혀. 그리고 다른 아파트를 방문해서 우리 아파트 사례를 얘기하면서 같이하자고 하면 되지. 학교에도 연락해서 같이하자고 하지 뭐."

하면서 아이들이 보살핌이 필요하고 갈 곳이 없는 처지라는 것을 안타까워하셨다. 그리고 이 문제가 단순히 우리 아파트만의 문제가 아니라 거의 모든 아파트와 학교에서 나타나고 있는 문제라는 것을 경험 속에서 파악하고 있었다. 노인회장님은 아파트에서 자율방범대를 만들고 있다는 정보도 알려주시고, 연락하면 언제든 돕겠다고 하셨다. 후원자를 만난 것 같아 든든했다.

"아파트 부모들이 진작 이런 문제를 해결하려고 나섰어야 하는데." - 주부

우리 아파트 주부들은 일진 문제에 대해서 어떻게 생각하고 있을까 궁금해서 부녀회를 찾았더니 부녀회가 없어졌다고 한다. 그래서 이리저리 알아보니 새로 부녀회를 준비하고 있는 분이 있었다. 마침 대표자 회의에 같이 참가하고 있는 분이라 반가운 생각이 들었다.

아파트 정자에서 만나 놀이터 물갈이 사건을 이야기했더니,

"놀이터에서 애들이 그러는 걸 모르는 사람은 없을 거예요. 내가 아는 집 애도 왕따를 당하다 결국 해결 못 하고 이사 갔잖아요."

"어떤 방안이 있을까요?"

"내가 통장하면서 많이 느낀 건데, 우선 자율방범대를 만들어 순찰을 돌면 효과가 있을 거예요. 경찰도 같이하자고 하면 좋을 것 같고요. 그리고 아이들을 쫓아버리기만 하면 안 되잖아요. 그 아이들을 위한 공간도 만들어줘야 해요. 우리 아파트 관리사무소 지하 공간이 꽤 넓은데 활용을 전혀 못 하고 있어요. 여기에 책을 기증받아 도서관을 만들고, 공부방을 열면 함께할 수 있는 엄마들도 많을 걸요. 아파트 부모들이 진작 이런 문제를 해결하려고 나섰어야 하는데……. 그리고 우리 아파트에 여유 공간이 별로 없어 보이지만 구석구석 다녀보면 활용할 수 있는 곳이 있어요. 지금 이 들마루만 봐도 자전거 거치대를 옮기면 꽤 쓸 만한 공간이 나와요. 여기는 어르신들이 늘 계시는 곳이니까 아이들이 안심하고 놀 수 있잖아요."

아주머니는 마치 미리 준비라도 한 것처럼 여러 가지 방안에 대해서 거침없이 이야기를 했다. 또한 경쟁 문화로 인해 각박해져가는 아파트 문화에 대해서도 걱정을 하였다.

"우리 아파트가 오래되고 젊은 사람들이 줄어서 지금은 덜하지만 예전에는 부모들이 평수, 성적 가지고 경쟁이 심했어요. 우리 애가 대학생인데 어려서 친구들하고 잠자리 잡으러 다니며 놀았던 기억을 지금까지 이야기해요. 이런 게 진짜 중요한 거 아닐까요?"

지금 아파트에 살고 있는 대다수의 부모들은 자기 아이만을 바라보다 보니 주변 아이들을 경쟁 대상으로만 생각한다. 그래서 아이들이 그렇게 고통을 받아도 공부만 잘하면 된다고 생각하기 때문에 함께 해결하려고 하지 않는다. 학교 폭력과 일진 문제 역시 자기 아이만 안 당하면 된다고 생각하고 함께 해결할 마음이 없어서 심각해지는 것이다. 그러한 지점을 통장 아주머니는 정확하게 짚고 있었다. 아파트 전체를 생각하는 보살핌의 마음이 있기 때문에 가능했을 것이다. 보살핌에 기초한 아파트 공동체 문화는 이런 여성들의 보살핌 문화로부터 시작해야 한다는 생각이 들었다. 물론 여성들에게 일의 부담을 넘긴다는 것이 아니라 그러한 보살핌을 지역공동체와 남성들이 분담한다는 의미에서……

아주머니와 서로 같은 관심사를 주고받으면서 우리가 같이 살고 있다는 느낌을, 그래서 문제를 함께 해결할 수 있겠다는 동질감을 느꼈다. 옛날 마을공동체는 내가 공동체를 만들려고 노력하지 않아도 공동체의 구성원으로 태어나는 '주어진 공동체'라면, 도시공동체는 이렇게 함께 문제를 해결하기 위한 운동 속에서 가능한 '만들어가는 공동체'일 수밖에 없다는 것을 다시 한 번 실감했다.

"우리 경비들도 다 늙은이라 주민들이 관심 가져준다면 더없이 좋지." - 경비아저씨

아파트 곳곳을 순찰하며 일진 아이들과 가장 많이 부딪히는 사람이 경비아저씨이다. 밤새 일진 아이들이 버린 담배꽁초나 술병, 파손한 기물들을 처리하느라 가장 힘든 분들이기도 하다. 그래서 일진 문제에 대해서 어떤 어려움을 겪고 있는지 알아보기 위해서 경비실을 찾아갔다.

경비실에는 60세를 훌쩍 넘기신 세 분의 아저씨들이 화단 전지 작업을 끝내고 쉬고 있었다. 놀이터에서 일진 아이들이 술 먹고, 담배 피우고, 싸워서 주민들이 걱정이 많다고 하자,

"그렇긴 한데 그렇게 심하지는 않아요."

라며 경계하는 표정으로 대답하셨다. 아파트의 다른 주민들처럼 책임을 추궁하러 왔다고 느끼신 것 같았다. 그래서 다른 일도 많으신데 일진 아이들 때문에 정말 힘드시겠다고 위로하자, 그제야 마음속에 담아 두었던 이야기를 꺼내놓으셨다.

"말도 마요. 하지 말라고 얘기하면 오히려 대들고 여럿이 떼로 덤빈다니까. 거기다 아침이면 담배꽁초를 한 양동이는 주워요. 술병이랑 쓰레기도 엄청나고."

"맞아, 맞아. 솔직히 혼자 있을 때는 그냥 외면할 때도 많아."

그동안 혼자 감당하면서 얼마나 힘드셨는지 느껴졌다. 그래서 "주민들이 서로 연락하고 다 같이 나와서 대응하면 어떨까요?"하고 제안했더니,

"정말 그런 게 필요해요. 우리 경비들도 다 늙은이들이라 주민들이 관심만 가져준다면 더없이 좋지."라고 반색을 하셨다. 옆에서 지켜보시던 다른 분들도 바짝 다가앉으며 여러 의견을 내놓으셨다.

"노인네들이 놀이터에 와서 있는 것도 좋은 방법이지."

"놀이터에 아주 밝은 가로등을 설치하는 것이 좋아요. 환하면 아이들이 오지 않을 것 아니에요. 그리고 주민들이 거기 가서 놀면 아이들이 오지 않을 것 같은데."

이야기하는 사람들의 표정이 점점 밝아졌다. 경비아저씨들과 대화하면서 주민들이 함께 공동 대응을 할 수 있는 구체적인 행동 매뉴얼이 필요함을 느꼈다.

"살기 좋은 아파트라는 비전이 될 수 있겠어요." - 관리소장

아파트 주민들과 이야기를 나누면서 놀이터를 문화 공간으로 재정비하는 것과 일진 아이들의 일탈행위에 주민들이 함께 대응할 수 있는 대처 매뉴얼의 필요성을 많이 느꼈다. 아파트 차원에서 이런 문제를 해결하기 위해서는 아파트 살림살이와 관리 업무를 맡고 있는 관리사무소의 역할이 매우 중요하다는 생각이 들어서 아파트 관리소장을 찾아갔다.

물갈이 사건을 이야기했더니 관리소장도 놀이터 관리를 제대로 못한다고 지적하는 것으로 느꼈는지,

"CCTV로는 일진인지 정확히 알기가 어렵고 경비가 하루 종일 지킬수도 없고 골칫거리예요. 그래서 놀이터를 줄이고 주차장을 만들까 검토 중이에요."라는 대답을 하였다.

"지금도 놀이터가 부족한데 없애다니요. 그리고 그 애들을 못 오게쫓는다고 해결되는 것도 아니라고 생각해요. 이러면 어떨까요? 놀이터에 작은 무대를 만들어 주민들이 참여하는 음악회도 하고, 주변에 쾌

적한 쉼터를 만들어 어르신들이 쉴 수 있는 광장으로 만드는 거예요."

놀이터를 아이들과 어른들의 문화 공간, 세대 간 소통의 장소로 바꾸는 새로운 패러다임을 제시하자 "아! 관점이 다르면 전혀 다른 방안이 나올 수 있네요." 하며 감탄하였다.

그리고 주민들이 참여해서 함께 대응하는 방안을 이야기했더니,

"주민들이 함께 나서면 저희야 고마운 일이죠. 대표자회의에서도 논의하면 좋을 것 같고요. 관리사무소에서 도울 수 있는 것이라면 적극 돕겠습니다."라고 공감적 반응을 보여주었다.

주민들이 어려워하는 것을 함께 해결하는 것, 그리고 무엇보다도 주민들이 안전하고, 문화적 삶을 누릴 수 있는 곳이 진짜 살기 좋은 아파트라는 비전을 공유하니 마음이 열리고 기분이 참 좋았다.

주민 인식 조사를 통해 일진 아이들의 일탈행위로 인해 우리 아파트 주민들이 불안하게 느끼고 있고, 그러면서도 어떻게 하지 못해 안타까워하고 있다는 것을 실감할 수 있었다. 그동안 내가 얼마나 주변과 이웃에 관심을 갖지 않았는지, 그리고 주민의 이해와 요구, 권리, 소망을 대변해야 하는 동 대표로서 역할을 소홀히 했었는지를 돌아보게 되었다.

주민들 이야기 속에는 일진 아이들에 대한 원망만 있는 것이 아니라 아이들이 겪고 있는 아픔에 대한 공감, 그 아이들을 도와주지 못하는 것을 안타까워하는 어른들의 따뜻한 마음이 있었다.

인식 조사 과정이 무엇보다도 의미 있었던 것은 아파트 구성원으

로 서로 힘들어하는 문제를 풀려고 하는 마음을 모으는 과정이었으며, 이 과정을 통해 우리가 같은 아파트에 살고 있는 공동체라는 동질감을 확인한 것이었다.

tip. 주민 인식 조사 어떻게 할까?

주민 인식 조사는 아파트 조건과 처지에 따라 다양하게 진행할 수 있다. 문제를 발견하고 해결하려고 하는 마음을 먹은 주민 혼자도 충분히 가능하다. 내 경우처럼 부부가 진행할 수도 있고, 주변에 마음 맞는 사람이 있으면 함께하면 된다. 동 대표나 입주자대표회장, 관리사무소장에게 함께하자고 제안하는 것도 좋은 방안이다. 조사 방식은 주민들과의 대면관계를 넓히고 생생한 이야기를 듣고 싶으면 개별 면담 방식이 좋고, 보다 많은 사람들의 의견을 듣고 싶으면 설문 조사 방식이 좋다.

1) 개별 면담
이 방식은 관심이 있는 주민이 쉽게 선택할 수 있다. 아파트 관리사무소나 입주자대표회장을 찾아가 함께 조사하자고 제안할 수도 있다. 조사 내용을 바탕으로 이후 아파트입주자대표회의에 의제로 제안한다.

(1) 면접 대상을 선정한다.
- 일진 아이들하고 자주 부딪히면서 위협을 느끼는 사람들인 아이들과 노인, 주부
- 일탈행위에 대한 1차적 대응책임을 맡고 있는 관리사무소와 경비 직원

• 아파트의 대소사를 결정하는 입주자대표회의 대표

(2) 주민의 활동시간에 맞게 면담 시간과 장소를 잡는다.

• 아이들은 하교 후 놀이터

• 할아버지 · 할머니는 오전에 경로당에서

• 주부들은 아이가 학교에 간 뒤 놀이터나 정자 부근 등

(3) 연락이 가능한 노인회장, 경비, 관리소장, 주부 등과는 미리 연락하여 약속시간을 잡는다.

(4) 질문지를 사전에 작성한다.

(5) 할머니, 할아버지 경로당을 방문할 때는 간단한 음료수 등을 준비한다.

(6) 대화 과정은 녹음기 등을 이용하여 반드시 녹음을 한다.

(7) 면담 과정은 당일 즉시 정리한다.

예시-아파트 주민 면담 질문지

일반용-노인, 주부

❶ 우리 아파트에서 아이들의 일탈행위를 보신 적이 있나요? 지난 ○월 ○일 놀이터에서 물갈이 사건을 경험했었는데 이런 것을 보신 적이 있나요?

❷ 일탈행위를 하는 장소는 어디인가요?

❸ 일진 아이들은 놀이터에서 주로 어떤 행동을 하나요?

❹ 일탈행위와 관련한 경험과 사례가 있으면 이야기해주세요.

❺ 일탈행위를 보았을 때 어떤 느낌이 드나요?

❻ 일탈행위를 보았을 때 어떻게 행동하시나요?

❼ 아이들을 도와줄 수 있는 방안은 어떤 것이 있을까요?

❽ 아파트 차원에서 프로그램이 만들어지면 함께하실 수 있나요?

아이들

❶ 놀이터에서 일진 아이들이 물갈이하는 것을 봤어. 그래서 걱정이 되어서 나왔는데, 너희들도 그런 것 본 적 있니?

❷ 일진 아이들은 놀이터에서 주로 어떤 행동을 하니?

❸ 일진 아이들에게 맞거나 돈 빼앗긴 적 있니?

❹ 일진 아이들을 보면 어떤 느낌이 드니?

❺ 일진 아이들이 놀이터에 있으면 어떻게 하니? 놀고 있는데 일진 아이들이 오면 어떻게 하니?

❻ 놀이터가 어떻게 바뀌었으면 좋겠니?

❼ 어른들에게 바라는 것이 있으면 이야기해주겠니?

관리사무소장

❶ 지난 ○월 ○일 놀이터에서 중학생 여럿이 초등학생을 때리는 것을 목격했어요. 알고 계신가요?

❷ 아파트 내에서 일어나는 일진 아이들의 일탈행위는 어떤 것이 있나요?

❸ 일탈행위를 하는 장소는 주로 어디인가요?

❹ 일탈행위를 목격하거나 신고가 들어왔을 때 관리사무소 차원에서 어떻게 대처하고 있나요?

❺ 일탈행위 때문에 어려운 점은 어떤 것이 있나요?

❻ 놀이터가 일진 아이들의 일탈행위 장소가 아니라 주민들과 아이들이 자연스럽게 찾는 공간으로 바뀌었으면 좋겠는데, 아파트 차원의 계획은 있나요?

❼ 일진 아이들의 일탈행위에 제대로 대처하고 그 아이들을 돕기 위한 방안은 어떤 것이 있을까요?

❽ 주민들에게 바라는 것은 무엇인가요?

경비 직원

❶ 지난 ○월 ○일 놀이터에서 중학생 여럿이 초등학생을 때리는 것을 목격했어요. 알고 계신가요?

❷ 일진 아이들이 놀이터에서 하는 일탈행위는 어떤 것이 있나요?

❸ 일탈행위를 하는 장소는 주로 어디인가요?

❹ 일탈행위를 목격하였을 때 아이들과 대화해보신 적 있나요?

❺ 일진 아이들을 만났을 때 어려운 점은 어떤 것이 있나요?

❻ 일진 아이들의 일탈행위에 제대로 대처하고 그 아이들을 돕기 위한 방안은 어떤 것이 있을까요?

❼ 주민들에게 바라는 것은 무엇인가요?

2) 설문 조사

이 방식은 동 대표나 입주자대표회장 등이 적극적일 때 선택할 수 있는 방법이다. 입주자대표회의에 의제로 올리고 공식적으로 진행할 수 있는 장점이 있다.

(1) 사전에 설문지를 포함한 자료를 만들어 아파트입주자대표회의에 제출한다(설문지는 부록 참고).

(2) 세대별로 설문지를 배부하고 회수하는 데 필요한 인력 지원을 받는다.
  - 관리사무소의 협력과 자원봉사자를 모집해서 하는 것이 좋다.

(3) 설문지는 가정을 직접 방문하여 취지를 설명하고 나누어주는 것이 좋으나 여의치 않을 경우 우편함에 안내문과 함께 넣는다.

(4) 회수율을 높이기 위해 안내 방송을 하고 가능하다면 직접 방문하여 설문지를 회수한다.

(5) 회수된 설문지는 분석하여 자료로 만들고 주민들에게 그 결과를 알린다.

(6) 주민 설문 조사 결과를 정리하여 아파트대표자회의에 보고하고 대책을 논의한다.

 # 평화로운 아파트 만들기 운동을 제안하다

조사를 마치고 그 다음에 할 일을 여러 가지로 생각해보았다. 아이들의 일탈행위를 보았을 때 주민들의 공동 대응 매뉴얼 함께 만들기, 공동체가 함께하는 쾌적한 놀이터 만들기, 일진의 실상을 제대로 알기 위한 주민 강좌, 아이들의 끼와 재능을 발휘할 수 있는 공간과 기회 제공, 도시 차원의 대책 등등.

이 모든 것은 주민들이 함께 마음을 모아야 하는 것이기 때문에 조사 결과와 해결 방안에 대해 입주자대표회의 안건으로 제안하기로 하였다. 입주자대표회의는 아파트의 최고의사결정기구로 그곳에서 아파트 사업으로 결정되면 빠르고 책임 있게 진행할 수 있기 때문이다. 마침 내가 동 대표를 맡고 있어 제안하는 것도 어렵지 않았다. 안건을 제안하기 위해 관리사무소에서 입주자대표회의 회장을 만났다. 이 자리에 관리사무소장도 자연스럽게 동석하게 되었다. 먼저 그동안 진행한 주민 인식 조사 과정을 이야기했다. 담담한 표정으로 듣고 있던 대표회장이 말문을 열었다.

"어제 오늘 일도 아니고 고민만 했지 갑갑했어요. 그런데 대표님이 이렇게 나서주시니 고맙습니다. 어떻게 하면 좋을까요?"

"아파트 차원에서 아이들이 일탈행위를 할 때 주민들의 공동 대응 방안도 마련하고, 놀이터도 밝은 환경으로 바꾸었으면 합니다. 무엇보다도 주민들에 대한 교육과 아이들을 돕기 위한 프로그램도 필요할 것 같습니다."

대표자 회장의 얼굴이 환해지며 내 손을 꼭 잡고 말을 했다.

"아, 그렇게 하면 되겠네요. 그럼 우선 입주자대표회의에서 논의해야겠네요. 그런데 이번 달 입주자대표회의 공고가 이미 나갔으니 기타 안건에서 논의하도록 해요. 우리 한번 해봅시다."

옆에 있던 관리사무소장도 미소를 띠며 이야기했다.

"잘됐네요. 회의 자료가 다 되면 저에게 보내주세요. 저도 도울게요."

대표회장과 관리소장의 공감적인 반응에 일이 술술 풀리는 느낌이 들었다. 주민 인식 조사 과정에서 만난 노인회장, 통장 아주머니에게는 전화를 걸어 입주자대표회의에 안건으로 제안하기로 했으니 적극적으로 도와달라는 부탁을 했다.

평화로운 아파트를 만들기 위한 힘찬 발걸음

2012년 1월 26일 저녁, 아파트입주자대표회의가 열렸다.

회의실 문을 열고 들어가니 대표회장과 관리사무소장은 벌써 와서 자료를 검토하고 있었고 몇 분의 동 대표들은 담소를 나누고 있었다. 동 대표들과 인사를 나누고 준비한 자료를 나누어주며 간략하게 취지를 설명하였다. 주민 인식 조사 과정에서 만난 통장 아주머니는 얼굴에 미소를 가득 띠고 엄지손가락을 치켜세웠다. 자료를 받아 든 대표들은 궁금한 표정으로 읽기 시작했다.

회의에는 동 대표 14명 중에 13명이 참석하였고 관리사무소장, 노인회장, 주민 4명이 참관을 하였다.

미리 공지된 안건 2개를 처리하고, 기타 안건으로 내가 제안한 것을 이야기할 차례가 되었다.

"주민 인식 조사 과정에서 우리 주민들이 얼마나 이 문제로 힘들어하고, 고민하는지 알 수 있었습니다. 우리 입주자대표회의에서 할 일은 이렇게 주민들이 어려워하는 문제를 함께 논의하고 해결하려고 하는 것이라고 생각합니다. 그래서 '아이들이 안전하고 행복한 금천 H 아파트 만들기' 사업을 제안합니다. 우리 아파트의 이런 시도는 아마 전국에서 최초로 진행되는 것 같은데 대표님들의 지지와 성원 부탁드립니다."

제안 설명을 듣는 대표들의 표정이 진지했다. 대표회장이 내 제안에 대한 의견을 묻자 나이가 지긋하신 동 대표 한 분이 손을 들어 의견을 말했다.

"주민들 일일이 만나서 이야기 듣고 이렇게 자료까지 만드느라 정말 고생 많이 하셨어요. 그런데 누가 발 벗고 나서서 할 거냐 그게 걱정이네요."

순간 회의장이 조용해졌다. 그때 맞은편에 앉아 있던 대표 한 분이 주변을 둘러보며 이야기를 하였다.

"김 대표처럼 적극적으로 나서는 사람도 있고 하니까 잘될 것 같은데요."

그러자 다른 대표분들도 동의하고 나섰다.

"엄마들 만날 때마다 걱정하는 소리를 들었는데 뭔가를 해야 할 것 같아요."

"저는 우리 아파트가 젊어지는 것 같아서 좋아요. 일할 수 있는 사람들로 팀을 짜서 추진을 해보면 좋을 것 같습니다."

통장 아주머니의 발언에 모두가 고개를 끄덕였다. 대표들의 의견이 어느 정도 모아지자 대표회장은 안건에 대한 가부를 물었다. 일제히 손을 들었다. 만장일치였다.

대표회장이 '아이들이 안전하고 행복한 금천 H 아파트 만들기'가 아파트사업으로 결정되었다는 선언과 함께 의사봉을 두드릴 때는 가슴이 벅찼다. 몇 분은 박수를 치기도 하고, 열심히 하라고 격려까지 해주었다.

아파트입주자대표회의

아파트는 주택법령에 의해 입주자대표회의라는 법적 자치 기구를 설치해야
한다. 입주자대표회의는 주민의 선거에 의해 선출된 각 동의 대표들로 구성
된다. 아파트의 예·결산, 사업 등 모든 의사 결정이 입주자대표회의를 통
해 결정된다. 입주자대표회의는 이사, 감사, 총무 등의 임원을 둘 수 있다.

- 회의 안건 발의
  - 가장 일반적인 것은 의장인 입주자대표회장이 관리소장과 협의를 통해
    안건을 발의하는 것이다. 사전에 임원회의를 통해 안건을 논의하고 발
    의하기도 한다.
  - 입주자대표회의 성원인 동 대표도 안건을 발의할 수 있다. 사전에 대
    표회장과 협의를 통해 발의할 수도 있고, 대표자 회의 시 기타 안건으
    로 발의해도 된다.
  - 입주민 10인 이상의 연서명을 받아서 안건을 제출할 수 있다.
- 회의 안건 공고
  - 정기회의는 법령에 의해 개최 1주일 전에 게시판을 통해 공고한다.
  - 회의 공고 후에 제기된 안건은 기타 안건으로 한다.
- 안건 의결
  - 의결은 재적 동 대표 과반으로 한다. 참석자의 과반이 아니라는 것을
    유념해야 한다.
- 회의 결과 통보
  - 결과는 아파트 게시판을 통해 공고한다.

관리사무소

아파트 관리사무소는 아파트 행정을 실무적으로 맡아서 진행하는 기구이다. 예전에는 아파트 직영으로 운영하는 곳이 많았지만 지금은 위탁 경영을 주로 하고 있다. 사무소는 소장과 아파트 시설을 담당하는 기전 직원, 회계와 경리를 담당하는 사무실 근무자와 외근 경비 직원들로 구성되어 있다. 관리사무소는 아파트 놀이터를 관리하고 아파트의 위험요소와 안전관리를 맡고 있기 때문에 상시적으로 발생하는 폭력 상황에 1차적으로 개입할 수 있는 중요한 위치에 있다.

아파트 예산

- 예산 편성
  - 아파트 예산 편성은 관리사무소에서 하고, 예산 심의 의결은 입주자대표회의에서 한다. 예산 편성 및 심의는 보통 12월에 하게 되며 회계연도는 1월 1일부터 12월 31일까지이다.
- 예산 항목
  - 아파트 예산은 주민들이 내는 관리비와 기타 잡수입으로 충당한다.
  - 아파트 예산 항목은 인건비, 장기수선충당금, 공동체운영활성화경비, 예비비 등이 있다.
- 평화로운 아파트 만들기 사업 예산 확보 방안
  - 사업 예산은 예산서에 정식 항목으로 하는 것이 좋지만 예산안 편성이 끝난 다음이라도 사업계획서를 제출하고 예산을 사용할 수 있다.
  - 자생 단체를 통해 사업을 할 경우 자생 단체 이름으로 사업계획서를 제출하고 입주자대표회의의 심의를 거쳐 공동체운영활성화경비 등의 명목으로 예산을 사용할 수 있다.
  - 간단한 인쇄물, 플래카드 등은 아파트 관리사무소에 잡혀 있는 일반 운영비에서 지출할 수 있다.

평화로운 아파트를 위한 4대 규칙

폭력에 대처하는 규칙이 있고 그것을 모든 구성원들이 공유하고 있다면 폭력 상황 시 갈등을 최소화할 수 있고, 문제를 해결하는 기준이 된다. 아파트 공동 규칙으로 마을공동체교육연구소에서 개발한 '평화샘 프로젝트'의 폭력에 대처하는 4대 규칙을 제안하였다. 대표들은 전폭적으로 공감하였다.

"4대 규칙을 이해하니 우리가 뭘 해야 할지, 아이들하고도 뭘 약속해야 할지 보이는 것 같아요."

"집집마다 4대 규칙을 알리면 좋을 것 같아요."

입주자대표회의는 폭력에 대처하는 4대 규칙을 주민 교육, 선전물, 입간판 등을 통해 주민들에게 알렸다.

 평화샘 프로젝트 폭력에 대처하는 4대 규칙

❶ 우리는 친구들을 괴롭히지 않을 것이다.
❷ 우리는 괴롭힘당하는 친구들을 도울 것이다.
❸ 우리는 혼자 있는 친구(왕따)와 함께할 것이다.
❹ 만약 누군가가 괴롭힘당하는 것을 알게 되면, 우리는 학교나 부모님, 동네 어른들에게 이야기할 것이다.

규칙 1 '우리는 친구들을 괴롭히지 않을 것이다.'는 가장 중요한 집단 괴롭힘 예방 규칙이다. 이는 아이들에게 집단 괴롭힘이 학급과 학교뿐만 아니라 가정과 지역사회(동네)에서도 용납되지 않는다는 명확한 메시지를 전달해준다.

규칙 2 '우리는 괴롭힘당하는 친구들을 도울 것이다.'는 아이들이 괴롭힘에 반대하고, 피해 아이들 편에 서는 것을 강조한다. 피해 아이의 친구가 되어주고, 괴롭힘 행동에 참여하는 것을 공개적이고 명확하게 거부하는 것을 의미한다.

규칙 3 '우리는 혼자 있는 친구와 함께할 것이다'는 왕따로 괴롭힘당하는 아이들을 위해 필요한 규칙이다. 이 규칙의 목적은 '모든 사람은 함께할 누군가가 반드시 있어야 한다.'는 것이다.

규칙 4 '만약 누군가가 괴롭힘당하는 것을 알게 되면, 우리는 학교나 부모님, 동네 어른들에게 이야기할 것이다.'는 누군가가 괴롭힘당하는 것을 알게 될 때, 어른들에게 이야기하는 것이 중요함을 강조하는 것이다. 또한 피해 당사자에게는 '만약 나 자신이 괴롭힘을 당했을 때에도 학교나 부모님, 이웃한 동네 어른들에게 이야기할 것이다.'라는 의미이다. 이 규칙은 피해를 당한 30~60%의 아이들이 수치심, 보복에 대한 두려움 등으로 어른들에게 이야기하지 않는다는 사실에 근거한 것이다.

젊은 사람들의 의기투합 – 추진 팀을 만들다

입주자대표회의에서는 사업을 결정하고 이것을 전담해서 진행할 추진 팀을 구성하기로 했다. 그 자리에서 추진 팀에서 일할 사람을 추천했는데 대표회장, 사업을 제안한 나, 주부들의 입장을 대표할 여성 동 대표가 추천되었다. 그리고 실무를 맡아줄 관리사무소장, 아파트 방범 순찰을 돌고 있는 안전지킴이 총무도 함께 추천되었다.

입주자대표회의가 한 달에 한 번씩 열리기 때문에 추진 팀에서 일상적인 사업을 논의하여 추진하고, 입주자대표회의에는 진행 과정을 보고하고 중요한 결정사항을 안건으로 올리기로 하였다. 항목에 따라 적은 비용은 관리사무소 운영 경비에서 활용하고 큰 것은 사업계획서를 입주자대표회의 안건으로 올려 예산을 배정받아 사용하기로 했다.

입주자대표회의 1주일 뒤, 관리사무소에서 추진 팀 첫 회의가 열렸다.

직장인에게는 이른 시간인 저녁 6시 반임에도 불구하고 한 사람도 빠짐없이 회의에 참석하였다. 이것을 본 여성 동 대표가 웃으면서 말을 건넸다.

"와, 아파트에서 일할 수 있는 사람들은 다 모였네요."

이 말에 모두가 유쾌하게 웃었다.

이날 회의에서는 추진 팀장 선임과 이후 계획을 논의하였다.

사업을 제안한 내가 추진 팀장으로 선임되었다. 추진위원을 추가로 모집하자는 의견이 있었는데 오랫동안 통장을 맡아왔던 여성 동 대표가 자신의 경험을 살려서 통장들을 추천하였다.

"우리 아파트에는 통장이 세 명 있는데 최소한 한 명은 추진 팀에 들어오는 게 좋을 것 같아요. 아파트라 통장의 역할이 많지는 않지만 주민들과의 소통을 위해서도 그렇고, 주민센터와 연결고리도 될 수 있으니까요."

모두들 고개를 끄덕이며 동의를 하자 대표회장이 연락을 해보겠다고 자원하고 나섰다. 입주자대표회장이 역할을 맡고 나서니 정말 고마웠다. 더 추천할 사람이 있냐고 물었더니 여성 동 대표가 한숨을 쉬며 말했다.

"부녀회가 있다면 이럴 때 정말 힘이 되었을 텐데 참 아쉬워요. 이런 일에는 아줌마들이 나서야 하는데……."

안전지킴이 총무가 거들고 나섰다.

"우리 아파트가 그게 아쉽죠. 이번에 함께하실 주부님들을 찾아보고 부녀회를 새로 만드는 기회로 삼아보면 어떨까요?"

모두들 그렇게 하자고 동의는 했지만 여전히 아쉬운 표정이었다.

아파트에는 부녀회, 노인회와 같은 여러 자생 단체들이 있다. 이 단체들과 협력하는 것은 아파트 차원의 프로그램을 진행하는 데 있어 매우 중요하다. 실제로 우리 아파트 자생 단체 중에 하나인 안전지킴이 모임이 이 프로그램에 합류하면서 야간시간 방범 순찰과 아이들 일탈 행위에 대응할 동력이 만들어졌다.

추진 팀장 선임과 추가 구성에 대한 이야기를 마치고 사업계획에 대한 논의에 들어갔다. 여성 동 대표는 주민들에 대한 교육이 필요하다고 하고, 안전지킴이 총무는 순찰을 할 수 있는 자원봉사자부터 모집하자고 하였다. 지난번 놀이터 물갈이 사건과 같은 일이 벌어졌을 때 주민들이 대응할 수 있는 행동 매뉴얼에 대한 필요성도 이야기되었다. 그래서 마을공동체교육연구소에 지원을 요청했고, 흔쾌히 받아주었다.

아파트의 자생 단체는 아파트 관리규약에 의해 자생 단체로 등록해야 인정을 받을 수 있다. 자생 단체로 등록하고 입주자대표회의에 사업계획서를 제출하면 예산을 지원받을 수 있다.

부녀회

보통 자치활동에 가장 적극적으로 참여하는 사람들이 부녀회원들이다. 부녀회는 자선 바자회, 주말장터, 경로잔치, 효도 관광, 사랑의 김장 나누기, 불우이웃 돕기 등 아파트의 대내외 활동을 주로 담당한다. 특히 아파트의 여론 형성에 지대한 영향을 미친다.

노인회

아파트 단지에서 가장 많은 시간을 보내고 일진 아이들의 일탈행위를 가장 많이 접하는 분들이다. 낮 시간 때 아이들을 위해 움직이고 시간을 낼 수 있는 분들이다. 보통 아파트 단지에는 할아버지 경로당, 할머니 경로당이 있다.

인터넷 카페 동호회

요즘은 아파트에 입주하기 전부터 카페 모임을 만들어 서로 정보를 교환하고 아파트 분양을 하는 시행사에 자신들의 요구를 하는 경우가 많다. 입주 후에도 'ㅇㅇ 아파트를 사랑하는 사람들의 모임'을 하기도 하고 입주자대표회의에도 적극적으로 참여하는 주민들이기 때문에 아파트 공동체 활동을 하려는 사람들은 적극적으로 참여할 필요가 있다. 인터넷 카페에서 의제를 형성하려는 노력도 중요하다.

든든한 후원자를 만나다
- 마을공동체교육연구소와의 업무협약(MOU) 체결

2012년 2월 29일 아파트 큰 놀이터.

마을공동체교육연구소와 '폭력 없는 평화로운 아파트 만들기' 업무협약식을 맺는 날이다. 쌀쌀한 날씨 속에서도 큰 놀이터에 주민들이 하나둘 모여들었다. 협약식 장소인 큰 놀이터는 우리 아파트가 폭력 없는 평화로운 아파트 만들기 사업을 추진하는 계기가 되었던 물갈이 사건이 일어났던 곳이다. 처음에 협약식 장소로 관리사무소가 제안되었지만, 물갈이 현장에서 아파트 차원의 문제 해결 의지를 밝히는 상징적인 의미도 있으니 날씨가 추워도 놀이터에서 하기로 결정하였다.

행사 시간 10분 전, 마을공동체교육연구소 문재현 소장을 비롯한 손님들은 다 왔는데 정작 아파트 주민은 몇 명밖에 없어 초조했다. 그런데 하나둘 모여들더니 어느덧 준비한 의자가 모자라 젊은 사람들은 주변에 서 있어야 했다.

협약식은 입주자대표회장과 마을공동체교육연구소장의 인사말, 협약서 서명과 교환, 기념촬영 순으로 진행하였다.

"그동안 우리들은 아파트 놀이터와 공터에서 아이들이 일탈행위를 하는 것을 보면서도 걱정만 했지 어떻게 나서야 할지가 막막했습니다. 나서서 문제를 풀기보다는 주저하고, 외면하기도 했습니다. 그리고 문제 해결의 책임을 학교와 경찰, 경비 직원들에게 떠넘겼습니다. 아파트 구성원들이 힘들고 아파하는데, 그것을 외면하는 것은 공동체가 아니라는 자성의 목소리가 있었습니다. 그래서 몇 번의 논의를 거쳐 '아이들이 안전하고 평화로운 금천 H 아파트 만들기'를 진행하자는 논의가 있었고, 정식으로 우리 아파트의 사업으로 결정하였습니다. 우리는 자부심을 가지고 있습니다. 아파트에서 공동체가 가능하고, 그것을 만들어가는 첫 번째 아파트가 우리 아파트라는 것이 자랑스럽습니다."

대표회장은 이야기하는 내내 결연한 표정이었다. 그 마음이 전해진 듯 주민들 모두 진지했다.

"대표회장님께서 제가 할 이야기까지 다 해주셔서 더 드릴 말씀은 없네요. 우리 연구소에서는 프로그램과 교육 등 지원을 아끼지 않겠습니다."

마을공동체교육연구소장의 인사말이 끝나자 주민들의 박수가 쏟아졌다.

협약식은 아파트 구성원의 아픔에 공감하여 함께 해결하려고 마음을 내는 자리가 되었고, 아파트를 넘어서 지역사회와 함께 문제를 공유하고 협력하는 뜻 깊은 자리가 되었다.

이날 행사용으로 사용하였던 플래카드를 놀이터 울타리에 게시해놓았는데, 처음에 사람들은 일진 아이들이 훼손할 것이라고 우려하였다. 하지만 몇 달이 지나도 그 자리에 있었다. 아파트 차원의 의지를 표명한 것만으로도 아이들이 행동을 조심하는 것을 보면서 어른들의 적극적인 개입이 왜 중요한지를 느낄 수 있었다.

아파트 안전과 평화의 지렛대
: 위기 개입 매뉴얼

'평화로운 아파트 만들기'라는 목표와 폭력에 대처하는 4대 규칙을 합의하고, 게시판 등을 통해 주민에게 알렸다. 하지만 막상 놀이터나 정자에서 일탈행위를 하는 아이들을 어떻게 대해야 하는지에 대해서는 쉬운 문제가 아니었다. 특히 주부와 노인들은 더욱 그랬다. 개별적으로 대응하다 봉변을 당하는 경우가 종종 있었기 때문이다. 주민들의 안전을 고려하면서도 적절하게 대응할 수 있는 매뉴얼이 필요했다.

그래서 아파트 차원의 매뉴얼을 만들기로 하였다. 먼저 아파트에서 일어나는 일탈행위와 폭력 상황을 유형별로 파악하고 대응 매뉴얼을 만들었다. 매뉴얼 초안은 협약 기관인 마을공동체교육연구소의 도움을 받았다. 세 가지 유형에 맞는 개입 순서와 방법을 정리하여 입주자 대표회의에 보고한 뒤에 관리사무소 직원, 경비 직원, 안전지킴이들과 시뮬레이션 교육을 통해서 공유하였다. 이후 현장에서 적용해가면서 지속적으로 보완해나가고 있다.

한 아이가 다른 아이를 괴롭힐 때

한 아이가 다른 아이를 괴롭힐 때는 어른이 개입하기 쉽다. 하지만 그 뒤 상황을 어떻게 처리해야 하는지는 훈련된 전문가가 아니고서는 쉽지 않은 문제이다. 그래서 그런 상황에 대처하는 매뉴얼을 다음과 같이 만들었다.

❶ 괴롭히고 있는 상황을 보면 바로 "얘들아, 멈춰!"라고 외친다.
❷ 아이들을 떼어놓는다.
❸ 흥분해 있는 아이들을 진정시킨다.
❹ 폭력에 대처하는 아파트 규칙을 상기시키고 어떤 규칙을 위반했는지 확인한다.
❺ 피해 아이를 위로하고 왜 다투었는지 상황을 재연하는 역할극을 한다.
❻ 서로 입장을 바꾸어서 역할극을 하여 가해자, 피해자가 서로의

감정을 이해하게 한다(이때 가해자가 장난이라고 하면서 폭력 사실을 인정하지 않으면 다른 아이가 너한테 그러한 행동을 하면 어떨지를 반드시 묻는다. 그리고 피해자가 가해자의 말에 동조하면서 장난이라고 한다면 심각한 문제로 받아들여야 한다. 이것은 자신의 목소리를 잃어버린 것이고 장기간 괴롭힘을 당한 결과이기 때문에 그 아이가 그동안 당해온 괴롭힘에 대한 조사와 조치도 필요하다).

❼ 아이들의 부모에게 연락한다.

여럿이 한 아이를 괴롭힐 때

여럿이 한 아이를 괴롭힐 때에는 어른이라도 혼자 개입하기가 쉽지 않다. 그렇기 때문에 주변의 어른들이 함께 행동하거나 관리사무소에 신고하여 공동 대응하는 것이 필요하다. 누구나 신속하게 신고를 할 수 있도록 눈에 잘 띄는 곳에 연락처를 게시해놓는다. 단, 심각한 폭력이 벌어지고 있을 때는 큰 소리를 질러 주변 사람들을 부른다.

❶ 아이들 사이에 들어가서 "멈춰"를 외치고 폭력을 멈추게 한다.

❷ 아이들이 흩어지지 않게 주변에 모두 모이게 한다.

❸ 먼저 피해 아이의 아픔에 공감하고 위로한다. 어깨를 두드려주는 등 신체적, 심리적 안정감을 느낄 수 있도록 한다.

"이제 괜찮을 거야. 어디 아픈 데는 없니?"

❹ 가해 아이 폭력 행동에 대한 사실을 확인한다. 아파트의 폭력에

대처하는 4대 규칙을 설명하고 무엇을 위반했는지 확인하고 괴롭힘당하는 아이에게 감정이입할 수 있도록 한다.

"네가 발로 찬 것은 폭력이야. 첫 번째 규칙을 어긴 것이고 무척 심각한 일이야."

"입장을 바꾸어서 네가 괴롭힘을 당하면 너는 어떨까?"

❺ 폭력을 말리려고 한 아이의 행동에 대해서는 격려를 해주고, 방관하던 아이에게는 4대 규칙 중 두 번째 규칙을 위반한 것임을 상기시킨다. 그리고 방어자로 행동하는 방법을 가르친다.

❻ 아이들의 이름, 연락처 등을 반드시 확인한다.

❼ 아이들의 학교와 부모에게 알린다.

tip. 긴급 상황 목격 시 신고 방법

❶ 전화를 통한 신고
- 관리사무소 전화번호를 긴급 전화로 등록해놓는다.
- 놀이터나 공터의 잘 보이는 곳에 아파트 관리사무소 전화번호를 안내한다.

❷ 비상벨을 통한 신고
- 놀이터나 공터의 잘 보이는 곳에 비상벨을 설치하여 긴급할 때 사용할 수 있게 한다.

일진 아이들이 벌이는 집단적인 폭력을 목격했을 때

물갈이와 같은 집단 폭력 상황은 어른들 한두 명이 대응하기는 어렵다. 이런 경우 아이들의 수가 7~8명에서 20여 명에 이르기 때문에 어른들이 봉변당할 가능성이 높기 때문이다. 따라서 혼자 대응하는 것이 아니라 신속히 신고하여 아파트 차원에서 체계적이고 집단적으로 대응해야 한다.

주민이 목격했을 때

❶ 일진 아이들의 일탈행위를 목격하면 누구나 아파트 관리사무소에 신속히 연락한다.

❷ 상황이 심각할 경우 바로 경찰에 알린다.

❸ 관리사무소는 방송을 통해 주민들에게 상황을 긴급히 알린다.

❹ 방송을 들은 주민들은 현장으로 나와 공동 대응한다.

❺ 멈춰를 외치고 폭력을 제지한다(호루라기 등을 사용할 수도 있다).

❻ 폭력을 절대 용납하지 않는다는 아파트의 규칙을 설명한다.

❼ 아이들의 이름, 연락처 등을 반드시 확인한다.

❽ 아이들의 학교와 부모에게 알린다.

❾ 진행 경과와 조치 사항을 아파트 홍보판이나 안내문을 통해 주민들에게 알린다.

관리사무소 직원 및 안전지킴이가 목격했을 때

❶ 직원 및 안전지킴이도 상황을 목격하면 관리사무소로 바로 알린다. 관리사무소에서 CCTV로 확인했을 경우 방송을 통해 주민들에게 상황을 긴급히 알리고 현장으로 간다.

❷ 상황이 심각해 보이면 경찰에 신고한다.

❸ 방송을 들은 주민들은 현장으로 나와 공동 대응한다. 멈춰를 외치고 폭력을 제지한다(호루라기 등을 사용할 수도 있다).

❹ 아파트의 규칙을 차분하게 알린다.

❺ 아이들의 이름, 연락처 등을 반드시 확인한다.

❻ 아이들의 학교와 부모에게 알린다.

❼ 진행 경과와 조치 사항을 홍보판이나 안내문을 통해 주민들에게 알린다.

심야 시간

밤 12시가 넘어도 놀이터나 공터에서 일진 아이들이 모여 떠들면서 담배 피우고 술 먹는 경우가 종종 있다. 이런 경우 관리사무소 직원들도 퇴근하고 안전지킴이 순찰도 끝난 상태이기에 빈틈이 생길 수밖에 없다. 경비 직원 혼자 감당하기도 어렵기 때문에 아파트 차원에서 비상 연락 체계를 갖추고 대응하는 것이 필요하다. 사전에 놀이터와 정자 등의 이용 시간과 규칙을 정하고 그것을 알리는 안내판을 설치한다.

❶ 일탈행위를 목격한 주민들은 아파트 관리사무소나 경비실로 알린다.

❷ 폭력 행위가 있다면 경찰에 바로 알린다.

❸ 연락을 받은 경비 직원들이 현장에 가서 아파트 놀이터, 정자 이용 시간과 규칙을 설명하고 해산해줄 것을 요구한다.

❹ 요구에 불응할 경우 안전지킴이 대원에게 비상 연락(문자 메시지)을 취한다.

❺ 연락을 받은 안전지킴이 대원들은 복장을 갖춰 입고 현장에 가서 개입한다.

❻ 안전지킴이의 요구에 불응할 경우 경찰에 알린다.

❼ 학교, 이름, 연락처를 확인하여 학교와 부모에게 알린다.

 ## 위험 구역 관리

안전한 아파트를 위해서는 어디에서 일탈행위가 벌어지는지 알아야 한다. 그래서 일탈행위가 벌어지는 위험 구역을 먼저 파악하기로 했다. 내가 먼저 주민들의 의견을 청취한 후 기초 자료를 만들고 추진 팀이 현장 답사를 했다.

위험 구역 현장 답사와 지도 만들기

"아파트 상가가 방치돼서 흉가 같아요. 어두컴컴해서 아무것도 보이지 않고, 무슨 일이 있어도 아무도 모를 거예요. 지난번에 아이들이 이곳에서 나오는 것을 봤는데, 무슨 대책이 있어야지 정말 큰일 나겠어요."

"놀이터에 CCTV를 설치하고 순찰을 도니까 아이들이 아파트 지하 계단으로 옮겨 갔나 봐. 지난번에 무슨 소리가 들려서 봤더니 몇 명이 담배를 피우고 있더라고. 그래서 '니들 거기서 뭐하는 거냐.'고 혼을 내쳤더니 어슬렁거리면서 올라오는 거야. 거기에 가봤더니 담배꽁초가 수북하고 아직 불이 안 꺼진 것도 있었어. 잘못하다가는 불이 날 수도 있겠더라고."

주민들은 일진 아이들의 일탈행위를 늘 접하기 때문에 위험 구역에 대해서 상세하게 알고 있었다. 덕분에 위험 구역에 대한 새로운 정보를 많이 얻을 수 있었다. 대략의 위험 구역을 파악한 후 추진 팀이 함께 답사를 했다. 여럿이 함께 다니다 보니 혼자서는 보지 못했던 것이 많이 발견되었다.

"지하 계단과 옥상에도 담배 피우는 아이들이 많아요. 거기도 추가했으면 해요."

"이렇게 지도로 표시해놓으니 위험 구역이 한눈에 들어와서 좋네요."

"주민들도 지도 보면서 늘 관심 갖고 신경 쓸 수 있게 하면 좋겠어요."

우리 아파트 위험 구역을 자세히 파악하고 모두가 쉽게 확인할 수 있도록 위험 구역 지도를 만들었다.

놀이터

아파트 단지의 구석진 곳에 있어 주민들의 눈에 잘 띄지 않는다. 이곳에 가 보면 담배꽁초와 빈 술병, 쓰레기들로 지저분하다. 일진 아이들이 주로 일 탈행동을 하는 곳이다.

정자와 들마루

우리 아파트에 있는 정자와 들마루 는 다른 아파트와 달리 구석진 곳에 있다. 늦은 시간이나 여름철이면 일 진 아이들이 자리를 잡고 담배 피우 고 술을 먹어 주민들이 접근조차 하 지 못하는 경우가 많다. 심지어 공 공연한 애정행각으로 주변의 눈살을 찌푸리게 한다.

상권이 죽어버린 상가의 옥상과 지하 공간

우리 아파트의 상가 건물은 5층인
데 1층과 사무실 몇 개를 제외하고
는 모두 비어 있다. 방치되어 있는
건물의 빈 점포, 옥상, 지하 공간
들이 아이들의 탈선 장소로 이용된
다. 범죄의 장소로 사용될 수 있으
므로 각별한 관리가 필요하다.

빈 지하상가의 계단

지하 계단 및 옥상 출입구

아파트 지하 계단은 어두컴컴하고 주민들이 잘 찾지 않는 곳이다. 이곳은 일
진 아이들이 모여서 담배를 피우는 곳 가운데 하나이다. 담배를 피우다 불
을 낸 적도 있었다.

옥상도 일진 아이들이 술 마시고 담배 피울 때 활용하는 장소이다. 옥상 문
을 잠글 경우에는 마지막 층 계단 위 공간을 이용한다. 여름에는 가출한 아
이들이 잠을 자는 공간이 되기도 한다.

지하 계단 / 옥상 계단

위험 구역에 대한 몇 가지 환경 개선 조치

위험 구역에 대한 조사와 현장 답사 후 위험 구역의 환경을 바꾸는 몇 가지 조치를 취했다. 특별한 예산 없이도 진행할 수 있는 것부터 바로 시행하였다.

가로등 설치

밤에 우리 아파트 놀이터는 어두운 편이다. 가로등이 있기는 하지만 흐리고 그것마저도 훼손되어 있다. 이런 조건에서 아이들은 일탈행동을 쉽게 할 수 있고, 어른들은 접근하기 꺼려한다. 놀이터에 가로등을 추가로 설치하여 주변이 환해지자 아이들의 행동이 조절되고, 주민들도 접근하기가 편해졌다.

안내 입간판 설치

놀이터에 평화로운 아파트 만들기의 취지, 규칙 등을 알리는 안내표지판을 설치했다. 이 안내판은 놀이터의 행동 규칙이 되고 일진 아이들의 일탈행위에 개입할 수 있는 근거가 되었다.

입간판 예시

CCTV 설치

CCTV를 설치하자 아이들의 일탈행동

이 확실히 줄어들었다. 지금도 관리사무소에서는 CCTV를 통해 놀이터에서 벌어지는 일들을 지속적으로 모니터링하고 있다. 또한 유선방송 한 개 채널을 배정하여 놀이터 상황을 주민들도 확인할 수 있도록 했다.

CCTV 안내판 예시

아파트 안전지킴이 봉사회 위험 구역 순찰

"우리 딸아이가 학원 갔다 오다 아파트 안에서 큰 봉변을 당할 뻔한 적이 있었어요. 아파트는 안전한 줄 알았는데 막상 당해보니 정신이 번쩍 들대요. 그래서 우리 아파트부터 방범을 하자고 사람들한테 이야기한 게 계기가 된 거죠."

아파트 안전지킴이 봉사회(이하 안전지킴이) 대장의 말이다. 이 분의 제안으로 하나둘씩 모인 사람들이 안전지킴이 활동을 시작하였는데, 평화로운 아파트 만들기 사업이 진행되면서 더욱 활성화되었다.

현재 안전지킴이 회원은 기존 방범대원과 동 대표들, 그리고 공개 모집을 통해 참여한 사람까지 10여 명이 활동하고 있다. 일주일에 3회씩 3개조로 나누어 위험 구역을 순찰하고 있다. 순찰을 돌 때 조끼와 방범봉, 호루라기 등을 착용하고 질서 있게 움직이고 있는데, 초기에는 놀이터나 정자에서 놀고 있는 일진 아이들과 갈등이 많았다. 시간이 늦었다고 빨리 집으로 가라고 하면 "알았어요." 하면서 피하는 척

하는 아이도 있었지만, 비아냥거리고 대드는 아이도 있었기 때문이다.

요즘은 아파트 규칙과 행동 매뉴얼을 중심으로 아이들과 대화를 시도한다.

"너희들 우리 아파트에 사니?"

"어느 학교 다니니?"

"요즘 공부하기 힘들지. 누구 기다리니?"

"우리 아파트 놀이터는 밤 11시 이후에는 부모님하고 같이 올 때만 출입이 허용돼. 이제 시간이 지났으니 집으로 들어가야겠다."

어른들이 친절하게 행동하면서 아이들의 태도도 부드러워졌다. 대답도 잘하고, 귀가 요구에도 잘 따라주었다. 안전지킴이 활동은 주민들 사이에서 많은 신뢰를 받고 있으며, 인근 아파트 단지에 소문이 나면서 다른 아파트 주민들의 부러움을 사고 있다.

안전지킴이 활동의 한계는 회원들이 대부분 직장을 다니고 있기 때문에 낮에 벌어지는 일탈행위에 대응하지 못하는 것이다. 이 문제를 해결하기 위해서 주부와 노인들이 안전지킴이 활동을 하는 것을 논의 중이다. 이 경우 아파트를 몇 개 구역으로 나누어서 일상적으로 관리하는 방안을 모색하고 있다.

아는 만큼 보인다
: 주민 강좌

첫 번째 주민 교양 강좌는 일진 아이들의 실태와 대처 방안에 대한 내용으로 잡았다. '학교 폭력, 어른들이 나서면 해결할 수 있다.' 주제로 협약 기관인 마을공동체교육연구소 문재현 소장을 초청했다. 장소는 관리사무소 지하 에어로빅실로 잡았다.

70평 규모의 에어로빅실은 꽤 넓었다. 그런데 강의 시간이 다 되도록 주민들의 모습이 보이지 않아 걱정이 되었다. 참여하기로 한 동 대표들도 보이지 않고, 경로당 노인들도 외부 행사가 있어 참여가 저조했기 때문에 20여 명만이 참여했다.

그런데 걱정도 잠시 강의가 시작되자 에어로빅실은 열기로 가득 찼다. 일진의 사례와 실태를 이야기할 때는 "맞아", "저런" 등 추임새가

나오며 고개를 끄덕였고, 아이들의 어려움을 알기 위해서 진행한 왕
따 역할극에서는 왕따를 당한 아이들의 고통을 모두 자기가 당한 것
처럼 아파했다. 강의가 끝난 뒤에는 이구동성으로 "바로 이거야.", "빨
리 우리 애가 다니는 학교에도 이야기를 해야 하겠어." 하면서 열렬한
반응을 보여주었다.

tip. 주민 강좌 어떻게 할까?

❶ 입주자대표회의 이름으로 추진한다.
  • 공식적으로 진행한다는 것을 알리는 것이 좋다.
❷ 장소는 가급적 아파트 내 공간을 이용하는 것이 좋다. 장소가 여의치 않
  으면 주민센터에 협조를 요청한다.
❸ 교육 내용
  • 일진의 실상과 대처 방안
  • 어린이, 청소년과의 소통 프로그램
  • 평화로운 가족 문화 형성을 위한 프로그램
❹ 홍보는 플래카드, 가정용 전단지, 출입구 · 엘리베이터 홍보판, 아파트
  방송 등을 활용한다.
❺ 주부와 직장인을 위한 교육 시간은 따로 잡는 것이 좋다.
  • 주부와 노인: 오전 시간
  • 직장인: 저녁 시간

보살핌에 눈뜨는 마을 ⋯⋯⋯⋯⋯⋯⋯
: 위기 개입에서 근본적 예방 대책으로

놀이터에서 괴롭힘을 당하는 아이들을 돕자는 취지에서 시작된 아파트 차원의 위기 개입 프로그램은 이제 새로운 단계로 발전하고 있다. 아이들을 돕기 위해서는 단순한 위기 개입 프로그램이 아니라 공동체를 살리는 것이 중요하다는 인식이 공유되었기 때문이다. 이러한 인식을 바탕으로 현재 진행하고 있는 사업이 작은 도서관과 쾌적한 놀이터 만들기이다.

방치된 지하 공간이 주민들의 행복 공간으로
- 작은 도서관 건립

관리사무소 지하에는 70평이 넘는 넓은 공간이 있다. 예전에도 몇몇 주부들을 중심으로 이곳을 도서관과 공부방으로 만들면 좋겠다는 의견이 있었지만 추진되지 못했다고 한다. 그런데 평화로운 아파트 만들기 사업을 진행하면서 아파트 분위기가 활성화되자 도서관을 만들자는 논의도 탄력을 받았다.

예산 확보를 위해 지역구 시의원을 만나서 협의를 하였는데 의원도 좋은 의견이라고 동조했고, 시 관계자도 긍정적인 반응을 보였다. 그 결과 1억 원의 예산을 확보할 수 있었다.

주민들의 자발적 참여가 시작되다

작은 도서관 사업이 확정되자 입주자대표회의에서는 원활한 추진을 위해 '작은 도서관 설립추진위원회'를 만들기로 하였다. 추진위원은 대표자회의에서 추천한 사람들과 자발적 참여자들로 구성하기로 하였다. 추진위원 모집 공고를 냈지만 접수 마지막 날까지 연락 오는 사람이 없었다. 실망하고 있는데 한 통의 전화가 걸려왔다.

"게시판 보고 전화 드렸어요. 우리 아파트 지하에 도서관이 생긴다고 해서 정말 좋아서요. 저 같은 사람도 참여할 수 있나요?"

7살, 9살 아이를 둔 아이 엄마라고 했는데 활기찬 목소리를 들으면서 천군만마를 얻은 기분이었다.

그 전화 이후로 자발적인 참여자들이 계속 늘었고, 면모도 다양해졌다. 인테리어를 하는 사람, 건축업 종사자, 보험 설계사, 퇴직 공무원, 대기업 시설관리자 등등.

다양한 사람들이 모이니까 회의 때마다 각자 자신의 전문적인 지식과 경험을 쏟아놓아서 이야기가 풍부해졌다. 아파트에는 다양한 사람들이 살고 있어서 많은 공동체 활동 자원을 품고 있다는 것을 다시 한번 확인할 수 있었다. 하지만 그만큼 자기주장이 강하여 의견을 모으기가 어려울 때도 있었다. 그럴 때마다 결과가 아니라 논의하는 과정이 더 중요하다는 원칙을 가지고 충분히 서로의 생각을 이야기하고 상대방의 입장을 듣는 시간을 가졌다. 자신의 이야기가 무시되지 않고 반영되자 고집스럽게 자기주장을 하는 사람도 줄어들었다.

함께 만들어가는 마을, 그 기반이 되는 도서관

도서관을 만들기로 하였지만 어떻게 만들어야 할지 제대로 아는 사람이 없었기 때문에 다른 아파트 단지에 있는 작은 도서관을 벤치마킹하였다.

4곳을 돌아보았는데 잘 운영되는 곳일수록 주민들의 자발적 참여와 다양한 프로그램이 인상적이었다. 그래서 우리 도서관도 시설이 중요한 것이 아니라 주민들의 참여 의식을 높이고 소통할 수 있는 공간이 되도록 여러 가지로 신경을 썼다. 먼저 도서관 설계는 회의 공간, 소모임방, 유아방, 수유실 등 주민들이 서로 부담 없이 만나고 이야기할 수 있는 공간으로 구성하였다.

도서관 이름도 공모를 통하여 결정하였다. 20여 개의 이름이 나왔는데 그중 '해품터ㅇㅇ도서관'이라는 이름이 선정되었다. 지금은 주민의 관심과 참여 의식을 더 높이기 위해서 도서 기증 운동을 진행하고 있다. 한 달 동안 800여 권이 기증되었고 주말이면 대학생, 어린이, 주부, 아빠들이 함께 모여서 도서 분류 및 등록 작업을 하고 있다. 그 과정은 여러 세대가 공동체의 꿈을 함께 꾸는 계기가 되고 있다. 우리 가족밖에 모르던 막내딸도 함께 참여하면서 동네 언니, 동생이 생겼고, 학교 친구도 만나서 더 친해졌다. 아이들이 친해지니 부모들도 가까워지면서 가족 단위의 참여가 늘고 있다.

이렇게 여러 세대가 함께 참여하는 과정을 제도화하기 위해서 어른들과 아이들이 함께 참여하는 문화예술위원회가 논의되고 있다. 이러한 문화예술위원회는 각 세대의 요구를 반영할 뿐만 아니라 서로 연결할 수 있는 문화 프로그램을 진행할 수 있는 기반이 될 것이다.

세대 간 소통의 공간, 쾌적한 놀이터 만들기

"초등학교 아이부터 대학생까지 함께 모여서 제기차기를 하고 형들이 동생들에게 농구를 가르쳐주고, 함께 노는 부모들의 모습도 보인다. 정자에는 할아버지, 할머니들이 아이들을 모아놓고 옛날이야기를 들려준다. 한여름 밤에는 놀이터에 마련된 작은 무대에서 가족들이 준비한 연주회, 이야기꾼 선발대회가 열리고 추석에는 함께 강강술래를 하는 곳……. 그래서 주민들의 박수와 웃음소리가 항상 들리는 모두의 장소."

우리가 꿈꾸는 놀이터의 모습이다.

이를 위해서 입주자대표회의에서 논의하고 있는 것이 놀이터를 아이들만의 공간이 아니라 주민 모두를 위한 공간으로 바꾸는 것이다.

앞으로 '내가 바라는 놀이터'라는 주제로 그림 그리기, 아이디어 공모 등을 통해 주민 의견을 수렴하고 현장 토론회를 통해 아파트 놀이터 관리 방안을 마련해나갈 계획이다. 관리 방안이 마련되면 지역구 의원 간담회도 개최하고, 시청에 찾아가서 새로운 아파트 놀이터에 대한 비전을 설명하고 지원을 요청할 계획이다.

부록

우리나라
위기 청소년의 규모[7]

1. 위기 유형별 청소년 규모

우리나라의 위기 청소년 규모는 약 165만 2,000여 명으로 추정된다.
2005년을 기준으로 위기 상황별 청소년 규모는 다음과 같다.

1) 가족적 위기 93만~110만 명(중간 값 101만 5,000명)

 - 빈곤 93만 명(추정)

 - 이혼 자녀 15만 명(확정)

 - 소년소녀 가장, 학대 아동, 북한 이탈 청소년, 외국인 노동자 자녀
등 2만 명(확정)

2) 교육적 위기 32만 3,000~36만 4,000명(중간 값 34만 3,000명)

 - 학습 부진 32만 3,000명(추정), (중·고생만 포함)

 - 학업 중단 4만 1,000명(확정), (중·고생만 포함)

---

7) 「위기 청소년 지원시설과 지원 정책 현황 및 사회 안전망 구축을 위한 정책방안 연구」 중 발췌, 청소년
위원회와 한국청소년개발원 공동 연구, 2005년 12월.

3) 사회적 위기 22만~42만 6,000명(중간 값 32만 3,000명)

- 폭력 피해 15만 명

- 범죄/성범죄 피해 5만 6,000명(확정)

- 실업 22만 명(추정)

4) 개인적 위기 16만 2,000~40만 9,000명(중간 값 28만 5,000명)[8]

- 범죄 10만 명(확정)

- 가출 10만 명(추정)

- 성경험 14만 1,000명(추정)

- 폭력 가해 22만 4,000명(추정)

- 흡연 24만 8,000명

2. 위기 수준별 청소년 규모

1) 고위기 청소년

청소년 개인적으로는 여러 가지 복합적 문제 행동을 이미 드러내고 있으며 학업 중단, 학대 등 교육·가족적 위기, 범죄 피해·실업 등 사회적 위기에 노출되어 있는 청소년으로 보다 집중적인 사회 정책적 지원이 필요한 청소년을 말한다.

---

8) 한국 청소년의 개인적 위기 행동 규모는 81만 3,000명이다. 여러 가지 문제 행동은 한 청소년에 의해 중복적으로 이루어진다. 이러한 중복률을 80%로 추정할 경우, 위기 규모는 16만 2,000명이며 중복률을 50%로 추정할 경우 40만 9,000명이다. 최소치와 최대치의 중간 값을 택하여 개인적 위기를 겪고 있는 청소년은 28만 5,000명으로 추정된다.

복합적 문제 행동에 노출되어 있는 28만 5,000명에 심각한 가족, 교육, 사회적 위기에 노출되어 있는 청소년 19만 1,000명을 더하여 총 47만 6,000명으로 추정된다.

복합적 문제 행동에 노출되어 있는 청소년 28만 5,000명
- 범죄 10만 명(확정)(만 20세 미만)
- 가출 10만 명(추정)(만 12~17세)
- 성경험 14만 1,000명(추정)(만 12~17세)
- 폭력 가해 22만 4,000명(추정)(만 12~17세)
- 흡연 24만 8,000명(만 12~17세)

다음의 위기를 겪고 있는 청소년의 중복률을 50%로 적용하여 추정함
- 사회 위기군 32만 3,000명 중 16만 1,000명(폭력 피해는 만 12~17세, 실업은 만 15~~24세, 범죄 피해는 만 20세 미만)
- 학업 중단자 4만 1,000명 중 2만 명(만 12~17세)
- 학대 아동 2만 명 중 1만 명(만 18세 미만)

2) 중위기군 청소년

복합적인 문제 행동으로 발전하지는 않았지만 가족·교육적 위기에 당면하고 있는 상태로, 방치될 경우 복합적인 문제 행동으로 발전할 가능성이 높은 청소년군을 의미한다.

가족 위기를 겪고 있는 청소년 101만 5,000명에 학습 부진 청소년의 50%인 16만 1,000명을 더하여 총 117만 6,000명으로 추정하였다.

가족 위기를 겪고 있는 청소년 101만 5,000명

- 빈곤 93만 명(추정) (10~24세)

- 이혼 자녀 15만 명(확정) (만 20세 미만)

- 소년소녀 가장, 요보호 아동, 학대 아동, 북한 이탈 청소년, 외국인
  노동자 자녀 등 2만(확정)(만 18세 미만)

학습 부진 청소년(중복률 50%로 적용) 16만 1,000명(만 12~17세)

이를 그림으로 나타내면 그림과 같다.

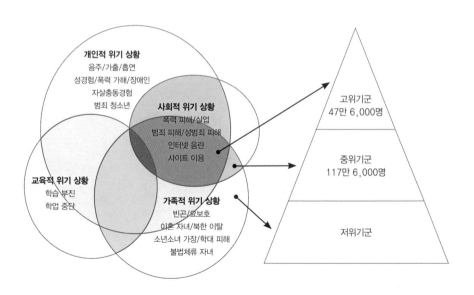

위기 유형별 청소년 규모와 위기 수준(단위: 명)

주민들과 함께하기 위한 효과적인 홍보 전략

1. 플래카드 홍보

플래카드 홍보는 가장 쉬우면서도 효과가 좋다.

홍보용

폭력 없는 금천 H 아파트 만들기 부모 교양 강좌 1

"학교 폭력, 어른들이 나서면 해결된다."

강사 : 문재현(마을공동체교육연구소 소장)

2012년 3월 29일(수) 오전 10시 30분/ 관리사무소 지하 에어로빅실

행사용

금천 H 아파트와 마을공동체교육연구소

"폭력 없는 평화로운 금천 H 아파트 만들기 협약식"

2012. 2. 29(수) 오전 11시 / 금천 H 아파트

행사용은 행사 제목, 일시, 장소가 누락되지 않도록 한다.

❶ 안이 만들어지면 플래카드 제작업체(기획사)에 메일이나 팩스 등으로 내용을 보내고, 시안을 요청한다.

-메일이나 팩스, 전화로 자료를 보낸다.

-관리사무소에서 거래하는 업체를 이용하면 편리하다.

❷ 제작업체에서 보내온 시안을 검토하고 수정하여 안을 확정한다.

❸ 아파트 게시대나 눈에 잘 띄는 적당한 장소에 게시한다.

❹ 게시는 제작업체에 의뢰한다.

현수막 홍보

2. 홍보 전단지

사업 내용을 요약하여 홍보 전단지를 제작하여 주민들에게 배포한다.

❶ 공유하고자 하는 내용을 정한다.

❷ 안내문 또는 홍보지의 내용은 함께 논의해서 결정한다.

❸ 홍보 전단지의 제작은 인쇄소에 맡기거나, 예산 부족 시 관리사무소의 컬러 프린터기나 복사기를 이용해도 좋다.

❹ 가정으로 배포할 뿐 아니라 아파트 공용 안내판이나 엘리베이터 등에 부착하여 많은 사람들이 볼 수 있도록 한다.

〈홍보 전단 예시〉

폭력 없는 평화로운 금천 H 아파트 만들기 안내문

폭력에 대처하는 금천 H 아파트 4대 규칙

아이들의 자살, 학교 폭력, 일진 문제가 언론을 통해 연일 보도되고 있습니다. 우리 아이는 관련되어 있지 않을까? 어떻게 해야 할까? 고민이 많으실 것입니다.

또한 우리 아파트 놀이터에서 벌어지고 있는 아이들의 일탈행동에 대해서도 걱정이 많으셨을 것입니다.

입주자대표회의에서는 "아이들이 안전하고 행복한 금천 H 아파트 만들기"를 추진하기로 하였습니다. 그동안 학교 폭력의 지도책임을 학교에 떠넘기고 경찰에게 맡겨왔던 어른들의 모습을 반성하며, 우리 아파트에서부터 어른들의 책임과 역할을 다해나기기로 한 것입니다.

이런 계획을 실천하기 위해서는 우선 아파트 차원의 명확한 원칙을 세우고 모든 세대가 이를 공유하는 것이 무척 중요합니다. 아파트 차원의 공유된 원칙은 우리 아파트를 안내하는 지도이자 지침서이기 때문입니다.

이를 위해 '폭력에 대처하는 4대 규칙'을 정하고 실천하기로 하였습니다. 가정에서 함께 토론하시고, 잘 보이는 곳에 부착해서 가족의 규칙으로 함께 했으면 합니다.

폭력에 대처하는 4대 규칙

1. 우리는 친구를 괴롭히지 않을 것이다.

2. 우리는 괴롭힘당하는 친구를 도울 것이다.

3. 우리는 혼자 있는 친구와 함께할 것이다.

4. 만약 누군가가 괴롭힘당하는 것을 알게 되면, 우리는 학교나 집의 어른 들에게 이야기할 것이다.

※ 자세한 내용에 대한 문의 및 상담은 관리사무소 043-200-1234

금천 H 아파트 관리사무소

엘리베이터 홍보

아파트 안내 게시판 홍보

3. 입간판 설치

놀이터, 공터 등 아파트 위험 구역에는 폭력에 대처하는 아파트 규 칙과 주민 행동 매뉴얼 등을 알리는 입간판을 설치한다.

❶ 입간판에 들어갈 내용을 정하고, 위험 구역의 위치와 면적에

따라 그 크기를 정한다.

❷ 야외에 있는 것이기 때문에 내구성이 강한 스테인리스 등으로 만드는 것이 좋다.

❸ 내용이 정해지면 제작업체(기획사)에 메일이나 팩스로 보내주고 시안을 요청한다.

❹ 제작업체로부터 시안을 받으면 검토하여 최종 제작을 맡긴다.

❺ 제작이 완료되면 정해둔 위치에 설치한다.

❻ 입간판 제작은 아파트 관리사무소 일반 운영비로 하기에는 부담이 된다. 입주자대표회의에 사업과 예산을 올려서 사용하는 것이 좋다. 놀이터의 경우 놀이터 유지관리비 항목이 있으니 관리사무소와 상의하여 제작하면 된다.

4. 엘리베이터 LED 전광판 홍보

고층 아파트의 경우 엘리베이터가 아주 훌륭한 홍보 매체이다. 엘리베이터를 타고 오르내리면서 시선이 집중되기 때문에 주민들의 관심을 끌 수 있고 자연스러운 대화 주제가 될 수 있다.

최근에는 엘리베이터 내에 LED 전광판을 설치한 곳이 많이 있다. 이 전광판은 사진이나 홍보 동영상도 알릴 수 있기 때문에 더욱 효과적이다. 또한 아파트에서는 사용료를 내고 광고업체가 설치·관리하기 때문에 별도의 예산 부담 없이 이용할 수 있다.

5. 관리비 고지서 홍보

아파트 관리비는 월 1회씩 인쇄되어 가정으로 배부된다. 관리비 고지
서는 주민들이 반드시 확인하는 것으로 이곳에 사업 내용을 홍보하면
효과가 크다. 고지서를 보면 빈 여백이 많아 이곳을 잘 활용하면 된다.

관리비 고지서는 관리사무소와 인쇄업자가 이미 계약관계에 있기
때문에 내용을 추가하는 데 별도의 예산이 들어가지 않는다. 고지서가
나오기 1주일 전에 홍보할 내용을 정하고, 관리사무소로 제출하면 관
리사무소에서 인쇄업자에게 통보하여 인쇄한다.

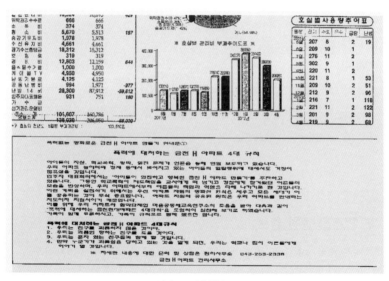

아파트 고지서 홍보

6. 방송 홍보

아파트는 방송 시설을 갖추고 있다. 아파트 구성원 전체에게 홍보하고 알리기 위해서는 방송 시설을 이용하는 것이 좋다. 특히 각종 행사와 캠페인을 할 때 효과적이다.

❶ 방송 문안을 만들어 사전에 관리사무소의 협조를 받는다.
❷ 너무 늦은 시간이나 이른 시간은 피하는 것이 좋다.
❸ 일진 아이들의 집단 폭력 상황 발생 시에는 주민들에게 긴급 방송을 실시한다.

(예시)

"입주민 여러분께 안내 말씀드립니다. 지금 104동 옆 공터에서 아이들 간의 집단 폭행이 벌어지고 있습니다. 이 방송을 들으신 주민들께서는 급히 놀이터로 모여주시기 바랍니다."

7. 언론을 통한 홍보

지역 언론, 인터넷 매체 등을 이용하여 아파트 주민 자치활동을 알리는 것도 한 방법이다. 협약식이나 주민 강좌, 아파트 축제 등 특별한 행사가 있을 경우 언론매체에 보도 자료를 보낸다. 언론 기사를 통해 주민들의 자긍심과 참여도 높아진다.

❶ 보도 자료 만들기

- 특별한 양식은 없으나 기관명, 기관 소개(주소, 전화번호, 메일), 수신처, 날짜, 제목, 내용, 기관의 장 등이 꼭 들어간다.

보도 자료

금천 H 아파트 입주자대표회의

■주소:

■전화:

■전송:

■담당:

■E-mail

수 신 : 각 언론사 제중   2012.   .

참 조 :

**제 목 : 금천 H 아파트－마을공동체교육연구소 "폭력 없는 평화로운 금천
　　　　 H 아파트 만들기 업무협약" 체결**

– 아이들의 안전과 폭력 없는 사회를 위해 아파트 공동체가 나섰다 –

··

1. 지역 정론을 위해 애쓰시는 귀사의 무궁한 발전을 기원합니다.

2. 지난해부터 학교 폭력으로 인한 학생들의 자살 사건이 전 사회에 충격을 주고 있고, 아파트 주민들 사이에서도 걱정하는 목소리가 많습니다.

3. 아파트의 놀이터와 공터가 아이들의 일탈행위 장소가 된 지 오래되었습니다. 우리 아파트도 마찬가지이고, 지난 7월에는 일진 아이들의 '물갈이' 사건도 있었습니다.

4. 이 사건 이후 아파트에서는 구성원들이 속으로 걱정만 하지 말고, 아파트 차원에서 할 수 있는 것이 무엇인지를 찾아보자는 자성의 목소리가 나왔습니다. 먼저 아파트 주민들이 이 문제에 대해서 어떻게 느끼는지 이야기해보았습니다. 이 과정에서 구성원이 아파하고 힘들어하고 있는데 이를 외면하는 것은 공동체라고 할 수 없고, 아파트를 아이들이 안전하고 건강한 문화를 만들어가는 공간으로 만들어가자는 공감대가 형성되었습니다.

5. 이에 발맞추어 주민들 사이에서는 지난해 8월부터 아파트 안전지킴이를 발족하고 활동을 시작하기도 했습니다.

6. 아파트입주자대표회의(회장 ○○○)의 수차례에 걸친 논의를 통해 '아이들이 안전하고 행복한 금천 H 아파트 만들기' 사업이 공식적으로 채택되었습니다. 앞으로 폭력에 대처하는 아파트 4대 규칙 제정, 프로그램(멈춰, 역할극) 진행, 폭력 상황 목격 시 대처 매뉴얼 제작·보급, 부모 교양 강좌, 밝고 쾌적한 아파트 놀이터 리모델링, 아파트 작은 도서관 건립 등을 진행해나갈 계획입니다.

7. 그리고 학교 폭력과 아파트 공동체를 전문적으로 연구하고 있는 마을공동체교육연구소(소장 문재현)와 업무협약을 맺고 각종 프로그램과 교육 등을 지원받기로 하였습니다. 이와 관련하여 다음과 같이 양 기관의 업무협약식을 갖기로 하였습니다. 많은 참여와 보도 바랍니다.

■ 폭력 없는 평화로운 금천 H 아파트 만들기 업무협약식 개요
· 일시: 2012. 00. 00(수) 11시
· 장소: 금천 H 아파트 큰 놀이터

- 참석
  - 마을공동체교육연구소 문재현 소장
  - 금천 H 아파트 입주자대표회의 회장 ○○○, 임원, 주민 등
- 내용
  - 인사
  - 협약서 서명
  - 기념 촬영

붙임: 업무협약서 1부. 끝.

금천 H 아파트 입주자대표회의 회장(직인 생략)

❷ 언론매체 파악하기

- 언론사 전화번호, 팩스, 이메일, 담당 기자의 연락처 등을 파악한다.
- 중앙부처, 도청, 시청, 교육청 등 행정기관은 기자실을 운영한다. 기관별로 기자들의 모임이 있고, 연락을 맡고 있는 간사가 있다. 간사를 맡고 있는 기자에게 연락하여 보도 자료를 보내려고 하니 연락처를 달라고 하면 받을 수 있다.
- 인터넷을 활용하여 언론사 연락처를 취합한다.

❸ 보도 자료 보내기

- 팩스와 메일, 두 가지 방법으로 동시에 보내는 것이 효과적이다.

- 팩스 번호(이메일)를 그룹으로 미리 지정해두면 효율적이다.
- 보도 자료를 보내고 기자들의 휴대전화로 발송 사실을 알린다.
- 보도 자료는 여유 있게 보내는 것이 좋다. 늦어도 오후 2시 이전에
  는 보내야 다음 날 기사화될 수 있다.
- 보도 자료를 보낼 때는 1주일 전, 행사 전날 또는 당일 아침 등 2회
  이상 보내는 것이 효과적이다.

❹ 보도 자료 보낸 후 조치 사항
- 기자들로부터 문의나 인터뷰 요청이 올 수 있기 때문에 예상 질문
  에 대한 답변 내용을 사전에 정리하여 서로 공유한다.
- 사무실 자리를 비울 경우 일반전화는 착신으로 전환한다.
- 언론 기사에 대한 모니터링을 한다.

주민 인식 조사를 위한
설문 문항 예시

일진 및 학교 폭력에 대한 주민 인식 조사

조사는 아파트 단지나 주택가 골목, 동(행정동) 전체 차원에서 할 수 있다.
준비 팀의 역량에 맞게 설계하여 활용한다.

설문지

01. 귀댁에 초·중·고교에 다니는 자녀가 있습니까?

　① 있다　　　　　　　② 없다

01-1. (위 질문에 있다고 한 분만 답변) 귀댁의 자녀는 몇 학년인가요?
　둘 이상이면 모두 표시해주세요.

　미취학　명, 유치원　명, 초등학교　명, 중학교　명, 고등학생　명

01-2. 귀댁 자녀가 학교 폭력에 의해 피해(또는 가해)를 당한(한) 적

이 있습니까?

① 있다(있다면 언제)   ② 없다

02. 아파트 단지(주택가 골목에서) 내에서 일진 아이들이 모여 있는(또
는 돌아다니는) 것을 본 적이 있나요?

① 있다(있다면 주로 어디서 보았나요?)   ② 없다

03. 일진 아이들이 모여 있는(돌아다니는) 것을 얼마나 자주 보나요?

① 거의 매일 본다   ② 주에 2~3회 정도 본다

③ 어쩌다 본다   ④ 관심 없다

04. 일진 아이들의 일탈행동(음주, 흡연, 욕설, 폭력 등)을 직접 본 적
이 있나요?

① 있다(있다면 주로 어디서 보았나요?)   ② 없다

05. 목격하신 아이들의 일탈행동은 주로 어떠한 모습인가요? (여러
개 선택 가능)

① 불량스러운 말과 행동을 하는 모습(욕, 침 뱉기, 짝다리 짚고 건
들거리는 것 등)

② 음주나 흡연을 하고 있는 모습

③ 폭력 행동이나 집단 괴롭힘을 하는 모습

④ 삥 뜯기와 같은 금품 갈취 및 후배 군기 잡기와 같은 물갈이 상황

⑤ 기타(   )

06. 위와 같은 일탈행동을 보고 귀하는 어떻게 하나요?

① 혼내고 쫓아버린다   ② 신고한다

③ 화나지만 무서워서 참는다

④ 외면하고 피한다   ⑤ 기타(   )

07. 일진 아이들의 일탈행동을 보는 귀하의 마음은 어떠한가요?(기분/생각/느낌 등)

① 무섭다   ② 안타깝다

③ 관심 없다   ④ 기타(   )

08. 일진 아이들이 자주 모이고 일탈행동을 하는 주변 장소를 적어주세요.

(   )

09. 일진 아이들의 일탈과 학교 폭력의 주된 원인이 어디에 있다고 생각하나요?

① 학교   ② 가정환경

③ 지역(동네) 환경   ④ 사회문화적 요인

- 가장 주된 이유 하나만 고른다면?

- 원인이 큰 순서 순으로 적는다면?

10. 귀하가 생각하는 아파트(동네) 차원의 대응 방법이 있다면 적어

주세요.

(   )

※ 설문에 응해주셔서 감사합니다.

지역 실태 파악을 위한 주민 인식 조사 설문지 예시

산남종합사회복지관 지역 실태 조사

안녕하십니까? 여러분의 가정에 건강과 평화를 기원합니다.

본 설문 조사는 수곡2동 지역 실태 조사를 통해 지역의 문제를 사전에 예방하고 변화를 유도하여 우리 지역의 이미지를 개선하고자 실시하는 조사입니다.

이 설문 조사의 결과는 종합적으로 통계 처리되어 여러분의 개인적인 의견과 정보는 외부로 유출되지 않으므로 안심하시고 설문에 응해주시면 감사하겠습니다.

2013년 0월

산 남 종 합 사 회 복 지 관

설문지

A. 일반적 사항

♣ 다음은 응답자의 일반적인 사항에 관한 질문 사항입니다. 해당되는 곳에 V표를 해주십시오.

01. 성별

① 여 ② 남

02. 연령

만_____세

03. 학력

① 초졸 이하 ② 중졸 이하

③고졸 이하 ④ 전문대졸 이하

⑤ 대졸 이상

04. 종교

① 천주교 ② 개신교

③ 불교 ④ 무교

⑤ 기타(   )

05. 보호 구분

① 수급 세대 ② 조건부 수급 세대

③ 차상위 ④ 일반 세대

06. 주거 소유

① 자가   ② 전세

③ 월세   ④ 영구임대

⑤ 기타

07. 주거 형태

① 아파트   ② 단독 주택

③ 다세대, 연립(빌라)주택   ④ 기타

08. 장애 유무

① 있음   ② 없음

08-1. 장애 급수 ___급

08-2. 장애 종류

① 지체 ② 뇌병변 ③ 발달장애 ④ 신장장애 ⑤ 언어 ⑥ 지적장애

⑦ 시각 ⑧ 호흡기 ⑨ 청각 ⑩ 심장장애 ⑪ 간질 ⑫ 정신장애

⑬ 안면 ⑭ 장루 ⑮ 간

B. 주민 인식 조사

♣ 다음은 지역의 문제에 대한 주민들의 의견을 묻는 질문 사항입니다.
해당되는 곳에 V표를 해주십시오.

09. 귀하는 우리 지역이 살기 좋은 곳이라고 생각하십니까?

　① 매우 그렇다　　　　　② 그렇다

　③ 그저 그렇다　　　　　④ 그렇지 않다(9-1로 가세요)

　⑤ 매우 그렇지 않다(9-1로 가세요)

09-1. 위 9번에서 ④, ⑤번을 선택한 가장 큰 이유는 무엇입니까?

　(1) 1순위　　　　　(2) 2순위　　　　　(3) 3순위

　① 열악한 아파트 시설　　② 알코올 중독자가 많아서

　③ 비행 청소년이 많아서　④ 우범 지역이 많아서

　⑤ 범죄율이 높아서　　　⑥ 자살률이 높아서

　⑦ 복지혜택이 좋지 않아서　⑧ 이웃들과 사이가 좋지 않아서

10. 귀하는 우리 지역에서 가장 해결해야 할 문제는 무엇이라고 생각
하십니까?

　① 기초생활수급권자 문제　② 청소년 비행 문제

　③ 복지 문화 시설 부족　　④ 실업 문제

　⑤ 열악한 교육환경　　　⑥ 보건 의료 시설 부족

⑦ 환경 문제   ⑧ 주거 문제

⑨ 알코올 중독 등 정신장애인 문제

11. 귀하는 우리 지역의 문제 해결 방법이 무엇이라고 생각하십니까?

① 국회의원, 시장 등 정치인들의 지속적인 관심

② 지역 주민의 변화된 사고

③ 지역 주민 스스로 조직화를 통한 개선 의지

④ 주민 문제 해결 능력 강화

⑤ 지역 주민과 사회복지 기관 및 경찰, 동 주민센터 등 연대를 통한 인식 변화

12. 귀하는 지금보다 형편이 나아지면 다른 곳으로 이주할 계획이 있습니까?

① 있다(12-1로 가세요)   ② 없다(12-2로 가세요)

12-1. 이주할 계획이 있다면 그 이유는 무엇입니까?

① 문제가 있는 사람들이 모여 살아 사회적 인식이 좋지 않아서

② 현재 살고 있는 지역이 교육 및 생활환경이 좋지 않아서

③ 주거 시설이 좋지 않아서

④ 집세 등 주거비용이 과다해서

⑤ 이웃과 사이가 좋지 않아서

⑥ 시장 이용이 불편해서

⑦ 직장에 다니기 불편해서

⑧ 의료·복지 시설 이용이 불편해서

⑨ 기타

12-2. 이주할 계획이 없다면 그 이유는 무엇입니까?

① 현재 살고 있는 지역의 교육 및 생활환경이 좋아서

② 집세 등 주거비용이 저렴해서

③ 이웃이 좋아서

④ 시장, 마트 등 장보기 편리해서

⑤ 직장이 가까워서

⑥ 의료 복지 시설 이용이 편리해서

C. 지역 실태 조사

♣ 다음은 지역 실태에 대한 주민들의 의견을 묻는 질문 사항입니다.
해당되는 곳에 V표를 해주십시오.

13. 귀하는 우리 지역에서 가장 큰 문제가 무엇이라고 생각하십니까?

(1) 1순위   (2) 2순위

① 주취 폭력   ② 가정 폭력

③ 노인 학대   ④ 아동 학대

⑤ 이웃 간의 무관심   ⑥ 좋지 않은 사회 인식

⑦ 비행 청소년

14. 귀하는 우리 지역에서 가장 관심을 가져야 할 대상은 누구라고 생각하십니까?

(1) 1순위   (2) 2순위

① 정신장애인 ② 알코올 중독자 ③ 독거노인 ④ 성범죄자

⑤ 비행 청소년 ⑥ 출소자 ⑦ 지체장애인 ⑧ 한 부모 가족

⑨ 다문화 가족 ⑩ 북한 이탈 주민

15. 귀하는 우리 지역에서 우범 지역은 어디라고 생각하십니까?

① 초등학교, 중학교 등 학교 주변

② 아파트 내 정자

③ △△아파트 주변 길

④ 주공 아파트 204동 뒤 아름다운 길

⑤ 두꺼비시장 주변

⑥ 기타

16. 귀하는 우리 지역에서 가장 개선이 필요한 부분이 무엇이라고 생
각하십니까?

① 높은 자살률　　　　　② 높은 범죄율

③ 학교 폭력　　　　　　④ 열악한 교육환경

⑤ 보건 의료 시설 부족　　⑥ 알코올 중독자 문제

⑦ 기타

D. 주민 참여 의식 조사

♣ 다음은 주민 참여 의식 조사에 대한 주민들의 의견을 묻는 질문 사항입니다. 해당되는 곳에 V표를 해주십시오.

17. 귀하는 지역사회 내에서 주민 자치활동에 참여한 적은 있습니까?

① 있다(17-1로 가세요)   ② 없다(17-2로 가세요)

17-1. 귀하는 지역사회 내에서 어떤 주민 자치활동에 참여하였습니까?

① 반상회   ② 부녀회

③ 녹색어머니회   ④ 자율방범대

⑤ 주민봉사단   ⑥ 기타

17-2. 귀하가 지역사회 내에서 주민 자치활동에 참여하지 않은 이유는 무엇입니까?

① 귀찮아서   ② 시간이 맞지 않아서

③ 정보가 부족해서   ④ 관심이 없어서

⑤ 의사 반영이 되지 않아서 ⑥ 기타

18. 귀하는 우리 지역에서 주민 참여형 마을 만들기 사업이 어느 정도 필요하다고 생각되십니까?

① 전혀 필요 없다   ② 필요 없다

③ 보통이다   ④ 필요하다

⑤ 매우 필요하다

19. 귀하는 우리 지역에서 주민 참여형 마을 만들기 사업을 시행한다

면 참여할 의사가 어느 정도 있습니까?

① 결코 참여하지 않겠다   ② 참여하지 않겠다

③ 보통이다   ④ 참여하겠다

⑤ 반드시 참여하겠다

20. 귀하께서는 우리 지역사회와 복지관에 바라는 점이 있다면 말씀

해주시기 바랍니다.

※설문에 응해주셔서 대단히 감사합니다.

삶의 행복을 꿈꾸는 교육은 어디에서 오는가?

교육혁명을 앞당기는 배움책 이야기 혁신교육의 철학과 잉걸진 미래를 만나다!

한국교육연구네트워크 총서

01 핀란드 교육혁명
한국교육연구네트워크 엮음 | 320쪽 | 값 15,000원

02 일제고사를 넘어서
한국교육연구네트워크 엮음 | 284쪽 | 값 13,000원

03 새로운 사회를 여는 교육혁명
한국교육연구네트워크 엮음 | 380쪽 | 값 17,000원

04 교장제도 혁명
한국교육연구네트워크 엮음 | 268쪽 | 값 14,000원

05 새로운 사회를 여는 교육자치 혁명
한국교육연구네트워크 엮음 | 312쪽 | 값 15,000원

06 혁신학교에 대한 교육학적 성찰
한국교육연구네트워크 엮음 | 308쪽 | 값 15,000원

07 진보주의 교육의 세계적 동향
한국교육연구네트워크 엮음 | 324쪽 | 값 17,000원
2018 세종도서 학술부문

08 더 나은 세상을 위한 학교혁명
한국교육연구네트워크 엮음 | 404쪽 | 값 21,000원
2018 세종도서 교양부문

09 비판적 실천을 위한 교육학
이윤미 외 지음 | 448쪽 | 값 23,000원
2019 세종도서 학술부문

10 마을교육공동체운동: 세계적 동향과 전망
심성보 외 지음 | 376쪽 | 값 18,000원

11 학교 민주시민교육의 세계적 동향과 과제
심성보 외 지음 | 308쪽 | 값 16,000원

12 학교를 민주주의의 정원으로 가꿀 수 있을까?
성열관 외 지음 | 272쪽 | 값 16,000원

한국교육연구네트워크 번역 총서

01 프레이리와 교육
존 엘리아스 지음 | 한국교육연구네트워크 옮김
276쪽 | 값 14,000원

02 교육은 사회를 바꿀 수 있을까?
마이클 애플 지음 | 강희룡·김선우·박원순·이형빈 옮김
356쪽 | 값 16,000원

03 비판적 페다고지는 세상을 변화시킬 수 있는가?
Seewha Cho 지음 | 심성보·조시화 옮김
280쪽 | 값 14,000원

04 마이클 애플의 민주학교
마이클 애플·제임스 빈 엮음 | 강희룡 옮김
276쪽 | 값 14,000원

05 21세기 교육과 민주주의
넬 나딩스 지음 | 심성보 옮김 | 392쪽 | 값 18,000원

06 세계교육개혁: 민영화 우선인가 공적 투자 강화인가?
린다 달링-해먼드 외 지음 | 심성보 외 옮김 | 408쪽 | 값 21,000원

07 콩도르세, 공교육에 관한 다섯 논문
니콜라 드 콩도르세 지음 | 이주환 옮김
300쪽 | 값 16,000원

08 학교를 변론하다
얀 마스켈라인·마틴 시몬스 지음 | 윤선인 옮김
252쪽 | 값 15,000원

혁신학교
성열관·이순철 지음 | 224쪽 | 값 12,000원

행복한 혁신학교 만들기
초등교육과정연구모임 지음 | 264쪽 | 값 13,000원

서울형 혁신학교 이야기
이부영 지음 | 320쪽 | 값 15,000원

대한민국 교사, 어떻게 가르칠 것인가?
윤성관 지음 | 320쪽 | 값 15,000원

아이들을 어떻게 가르칠 것인가
사토 마나부 지음 | 박찬영 옮김 | 232쪽 | 값 13,000원

모두를 위한 국제이해교육
한국국제이해교육학회 지음 | 364쪽 | 값 16,000원

비고츠키 선집 시리즈 발달과 협력의 교육학 어떻게 읽을 것인가?

생각과 말
레프 세묘노비치 비고츠키 지음
배희철·김용호·D. 켈로그 옮김 | 690쪽 | 값 33,000원

도구와 기호
비고츠키·루리야 지음 | 비고츠키 연구회 옮김
336쪽 | 값 16,000원

어린이 자기행동숙달의 역사와 발달 I
L.S. 비고츠키 지음 | 비고츠키 연구회 옮김
564쪽 | 값 28,000원

어린이 자기행동숙달의 역사와 발달 II
L.S. 비고츠키 지음 | 비고츠키 연구회 옮김
552쪽 | 값 28,000원

어린이의 상상과 창조
L.S. 비고츠키 지음 | 비고츠키 연구회 옮김
280쪽 | 값 15,000원

비고츠키와 인지 발달의 비밀
A.R. 루리야 지음 | 배희철 옮김 | 280쪽 | 값 15,000원

수업과 수업 사이
비고츠키 연구회 지음 | 196쪽 | 값 12,000원

비고츠키의 발달교육이란 무엇인가?
비고츠키교육학실천연구모임 지음 | 412쪽 | 값 21,000원

비고츠키 철학으로 본 핀란드 교육과정
배희철 지음 | 456쪽 | 값 23,000원

성장과 분화
L.S. 비고츠키 지음 | 비고츠키 연구회 옮김
308쪽 | 값 15,000원

연령과 위기
L.S. 비고츠키 지음 | 비고츠키 연구회 옮김
336쪽 | 값 17,000원

의식과 숙달
L.S 비고츠키 | 비고츠키 연구회 옮김
348쪽 | 값 17,000원

분열과 사랑
L.S. 비고츠키 지음 | 비고츠키 연구회 옮김
260쪽 | 값 16,000원

성애와 갈등
L.S. 비고츠키 지음 | 비고츠키 연구회 옮김
268쪽 | 값 17,000원

흥미와 개념
L.S. 비고츠키 지음 | 비고츠키 연구회 옮김
408쪽 | 값 21,000원

관계의 교육학, 비고츠키
진보교육연구소 비고츠키교육학실천연구모임 지음
300쪽 | 값 15,000원

비고츠키 생각과 말 쉽게 읽기
진보교육연구소 비고츠키교육학실천연구모임 지음
316쪽 | 값 15,000원

교사와 부모를 위한 비고츠키 교육학
카르포프 지음 | 실천교사번역팀 옮김
308쪽 | 값 15,000원

혁신교육, 철학을 만나다
브렌트 데이비스·데니스 수마라 지음
현인철·서용선 옮김 | 304쪽 | 값 15,000원

혁신교육 존 듀이에게 묻다
서용선 지음 | 292쪽 | 값 14,000원

다시 읽는 조선 교육사
이만규 지음 | 750쪽 | 값 33,000원

대한민국 교육혁명
교육혁명공동행동 연구위원회 지음
224쪽 | 값 12,000원

경쟁을 넘어 발달 교육으로
현광일 지음 | 288쪽 | 값 14,000원

독일 교육, 왜 강한가?
박성희 지음 | 324쪽 | 값 15,000원

핀란드 교육의 기적
한넬레 니에미 외 엮음 | 장수명 외 옮김
456쪽 | 값 23,000원

한국 교육의 현실과 전망
심성보 지음 | 724쪽 | 값 35,000원

통하는 공부
김태호·김형우·이경석·심우근·허진만 지음
324쪽 | 값 15,000원

내일 수업 어떻게 하지?
아이함께 지음 | 300쪽 | 값 15,000원
2015 세종도서 교양부문

인간 회복의 교육
성래운 지음 | 260쪽 | 값 13,000원

교과서 너머 교육과정 마주하기
이윤미 외 지음 | 368쪽 | 값 17,000원

수업 고수들
수업·교육과정·평가를 말하다
박현숙 외 지음 | 368쪽 | 값 17,000원

도덕 수업, 책으로 묻고 윤리로 답하다
울산도덕교사모임 지음 | 320쪽 | 값 15,000원

체육 교사, 수업을 말하다
전용진 지음 | 304쪽 | 값 15,000원

교실을 위한 프레이리
아이러 쇼어 엮음 | 사람대사람 옮김
412쪽 | 값 18,000원

마을교육공동체란 무엇인가?
서용선 외 지음 | 360쪽 | 값 17,000원

교사, 학교를 바꾸다
정진화 지음 | 372쪽 | 값 17,000원

함께 배움
학생 주도 배움 중심 수업 이렇게 한다
니시카와 준 지음 | 백경석 옮김 | 280쪽 | 값 15,000원

공교육은 왜?
홍섭근 지음 | 352쪽 | 값 16,000원

자기혁신과 공동의 성장을 위한
교사들의 필리버스터
윤양수·원종희·장군·조경삼 지음 | 280쪽 | 값 14,000원

함께 배움 이렇게 시작한다
니시카와 준 지음 | 백경석 옮김 | 196쪽 | 값 12,000원

함께 배움 교사의 말하기
니시카와 준 지음 | 백경석 옮김 | 188쪽 | 값 12,000원

교육과정 통합, 어떻게 할 것인가?
성열관 외 지음 | 192쪽 | 값 13,000원

미래교육의 열쇠, 창의적 문화교육
심광현·노명우·강정석 지음 | 368쪽 | 값 16,000원

주제통합수업,
아이들을 수업의 주인공으로!
이윤미 외 지음 | 392쪽 | 값 17,000원

수업과 교육의 지평을 확장하는 수업 비평
윤양수 지음 | 316쪽 | 값 15,000원
2014 문화체육관광부 우수교양도서

교사, 선생이 되다
김태은 외 지음 | 260쪽 | 값 13,000원

교사의 전문성, 어떻게 만들어지나
국제교원노조연맹 보고서 | 김석규 옮김
392쪽 | 값 17,000원

수업의 정치
윤양수·원종희·장군 지음 | 280쪽 | 값 14,000원

학교협동조합,
현장체험학습과 마을교육공동체를 잇다
주수원 외 지음 | 296쪽 | 값 15,000원

거꾸로 교실,
잠자는 아이들을 깨우는 수업의 비밀
이민경 지음 | 280쪽 | 값 14,000원

교사는 무엇으로 사는가
정은균 지음 | 292쪽 | 값 15,000원

마음의 힘을 기르는 감성수업
조선미 외 지음 | 300쪽 | 값 15,000원

작은 학교 아이들
지경준 엮음 | 376쪽 | 값 17,000원

아이들의 배움은 어떻게 깊어지는가
이시이 준지 지음 | 방지현·이창희 옮김
200쪽 | 값 11,000원

대한민국 입시혁명
참교육연구소 입시연구팀 지음 | 220쪽 | 값 12,000원

교사를 세우는 교육과정
박승열 지음 | 312쪽 | 값 15,000원

전국 17명 교육감들과 나눈 교육 대담
최창의 대담·기록 | 272쪽 | 값 15,000원

들뢰즈와 가타리를 통해 유아교육 읽기
리세롯 마리엣 올슨 지음 | 이연선 외 옮김
328쪽 | 값 17,000원

학교 혁신의 길, 아이들에게 묻다
남궁상운 외 지음 | 272쪽 | 값 15,000원

 학교 민주주의의 불한당들
정은균 지음 | 276쪽 | 값 14,000원

 프레이리의 사상과 실천
사람대사람 지음 | 352쪽 | 값 18,000원
2018 세종도서 학술부문

 교육과정, 수업, 평가의 일체화
리사 카터 지음 | 박승열 외 옮김 | 196쪽 | 값 13,000원

 혁신학교, 한국 교육의 미래를 열다
송순재 외 지음 | 608쪽 | 값 30,000원

 학교를 개선하는 교장
지속가능한 학교 혁신을 위한 실천 전략
마이클 폴란 지음 | 서동연·정효준 옮김 | 216쪽 | 값 13,000원

 페다고지를 위하여
프레네의『페다고지 불변요소』읽기
박찬영 지음 | 296쪽 | 값 15,000원

 공자뎐, 논어는 이것이다
유문상 지음 | 392쪽 | 값 18,000원

 노자와 탈현대 문명
홍승표 지음 | 284쪽 | 값 15,000원

 교사와 부모를 위한
발달교육이란 무엇인가?
현광일 지음 | 380쪽 | 값 18,000원

 선생님, 민주시민교육이 뭐예요?
염경미 지음 | 244쪽 | 값 15,000원

 교사, 이오덕에게 길을 묻다
이무완 지음 | 328쪽 | 값 15,000원

 어쩌다 혁신학교
유우석 외 지음 | 380쪽 | 값 17,000원

 낙오자 없는 스웨덴 교육
레이프 스트란드베리 지음 | 변광수 옮김
208쪽 | 값 13,000원

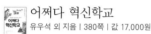 **미래, 교육을 묻다**
정광필 지음 | 232쪽 | 값 15,000원

 끝나지 않은 마지막 수업
장석웅 지음 | 328쪽 | 값 20,000원

 대학, 협동조합으로 교육하라
박주희 외 지음 | 252쪽 | 값 15,000원

 경기꿈의학교
진흥섭 외 지음 | 360쪽 | 값 17,000원

 입시, 어떻게 바꿀 것인가?
노기원 지음 | 306쪽 | 값 15,000원

 학교를 말한다
이성우 지음 | 292쪽 | 값 15,000원

 촛불시대, 혁신교육을 말하다
이용관 지음 | 240쪽 | 값 15,000원

 행복도시 세종,
혁신교육으로 디자인하다
곽순일 지음 | 392쪽 | 값 18,000원

 라운드 스터디
이시이 데루마사 외 엮음 | 224쪽 | 값 15,000원

 나는 거꾸로 교실 거꾸로 교사
류광모·임정훈 지음 | 212쪽 | 값 13,000원

 미래교육을 디자인하는 **학교교육과정**
박승열 외 지음 | 348쪽 | 값 18,000원

 교실 속으로 간 **이해중심 교육과정**
온정덕 외 지음 | 224쪽 | 값 13,000원

 흥미진진한 아일랜드 전환학년 이야기
제리 제퍼스 지음 | 최상덕·김호원 옮김 | 508쪽 | 값 27,000원
2019 대한민국학술원우수학술도서

 교실, 평화를 말하다
따돌림사회연구모임 초등우정팀 지음
268쪽 | 값 15,000원

 폭력 교실에 맞서는 용기
따돌림사회연구모임 학급운영팀 지음
272쪽 | 값 15,000원

 학교자율운영 2.0
김용 지음 | 240쪽 | 값 15,000원

 그래도 혁신학교
박은혜 외 지음 | 248쪽 | 값 15,000원

 학교자치를 부탁해
유우석 외 지음 | 252쪽 | 값 15,000원

 학교는 어떤 공동체인가?
성열관 외 지음 | 228쪽 | 값 15,000원

 국제이해교육 페다고지
강순원 외 지음 | 256쪽 | 값 15,000원

교사 전쟁
다나 골드스타인 지음 | 유성상 외 옮김
468쪽 | 값 23,000원

시민, 학교에 가다
최형규 지음 | 260쪽 | 값 15,000원

학교를 살리는 회복적 생활교육
김민자 · 이순영 · 정선영 지음 | 256쪽 | 값 15,000원

교사를 위한 교육학 강의
이형빈 지음 | 336쪽 | 값 17,000원

새로운학교 학생을 날게 하다
새로운학교네트워크 총서 02 | 408쪽 | 값 20,000원

세월호가 묻고 교육이 답하다
경기도교육연구원 지음 | 214쪽 | 값 13,000원

미래교육, 어떻게 만들어갈 것인가?
송기상 · 김성천 지음 | 300쪽 | 값 16,000원
2019 세종도서 교양부문

교육에 대한 오해
우문영 지음 | 224쪽 | 값 15,000원

혁신교육지구 현장을 가다
이용운 외 4인 지음 | 344쪽 | 값 18,000원

배움의 독립선언, 평생학습
정민승 지음 | 240쪽 | 값 15,000원

선생님, 페미니즘이 뭐예요?
염경미 지음 | 280쪽 | 값 15,000원

평화의 교육과정 섬김의 리더십
이준원 · 이형빈 지음 | 292쪽 | 값 16,000원

수포자의 시대
김성수 · 이형빈 지음 | 252쪽 | 값 15,000원

혁신학교와 실천적 교육과정
신은희 지음 | 236쪽 | 값 15,000원

삶의 시간을 잇는 문화예술교육
고영직 지음 | 292쪽 | 값 16,000원

혐오, 교실에 들어오다
이혜정 외 지음 | 232쪽 | 값 15.000원

혁신교육지구와 마을교육공동체는 어떻게 만들어지는가?
김태정 지음 | 376쪽 | 값 18,000원

선생님, 특성화고 자기소개서 어떻게 써요?
이지영 지음 | 322쪽 | 값 17,000원

학생과 교사, 수업을 묻다
전용진 지음 | 344쪽 | 값 18,000원

혁신학교의 꽃, 교육과정 다시 그리기
안재일 지음 | 344쪽 | 값 18,000원

● 살림터 참교육 문예 시리즈 영혼이 있는 삶을 가르치는 온 선생님을 만나다!

꽃보다 귀한 우리 아이는
조재도 지음 | 244쪽 | 값 12,000원

성깔 있는 나무들
최은숙 지음 | 244쪽 | 값 12,000원

아이들에게 세상을 배웠네
명혜정 지음 | 240쪽 | 값 12,000원

밥상에서 세상으로
김흥숙 지음 | 280쪽 | 값 13,000원

우물쭈물하다 끝난 교사 이야기
유기창 지음 | 380쪽 | 값 17,000원

선생님이 먼저 때렸는데요
강병철 지음 | 248쪽 | 값 12,000원

서울 여자, 시골 선생님 되다
조경선 지음 | 252쪽 | 값 12,000원

행복한 창의 교육
최창의 지음 | 328쪽 | 값 15,000원

북유럽 교육 기행
정애경 외 14인 지음 | 288쪽 | 값 14.000원

시험 시간에 웃은 건 처음이에요
조규선 지음 | 252쪽 | 값 15,000원

● 교과서 밖에서 만나는 역사 교실 상식이 통하는 살아 있는 역사를 만나다

 전봉준과 동학농민혁명
조광환 지음 | 336쪽 | 값 15,000원

 남도의 기억을 걷다
노성태 지음 | 344쪽 | 값 14,000원

 응답하라 한국사 1·2
김은석 지음 | 356쪽·368쪽 | 각권 값 15,000원

 즐거운 국사수업 32강
김남선 지음 | 280쪽 | 값 11,000원

 즐거운 세계사 수업
김은석 지음 | 328쪽 | 값 13,000원

 강화도의 기억을 걷다
최보길 지음 | 276쪽 | 값 14,000원

 광주의 기억을 걷다
노성태 지음 | 348쪽 | 값 15,000원

 선생님도 궁금해하는
한국사의 비밀 20가지
김은석 지음 | 312쪽 | 값 15,000원

 걸림돌
키르스텐 세룹-빌펠트 지음 | 문봉애 옮김
248쪽 | 값 13,000원

 역사수업을 부탁해
열 사람의 한 걸음 지음 | 388쪽 | 값 18,000원

 진실과 거짓, 인물 한국사
하성환 지음 | 400쪽 | 값 18,000원

 우리 역사에서 사라진
근현대 인물 한국사
하성환 지음 | 296쪽 | 값 18,000원

 꼬물꼬물 거꾸로 역사수업
역모자들 지음 | 436쪽 | 값 23,000원

 즐거운 동아시아사 수업
김은석 지음 | 240쪽 | 값 15,000원

 노성태, 역사의 길을 걷다
노성태 지음 | 324쪽 | 값 17,000원

 교과서 밖에서 배우는 역사 공부
정은교 지음 | 292쪽 | 값 14,000원

  팔만대장경도 모르면 빨래판이다
전병철 지음 | 360쪽 | 값 16,000원

  빨래판도 잘 보면 팔만대장경이다
전병철 지음 | 360쪽 | 값 16,000원

 영화는 역사다
강성률 지음 | 288쪽 | 값 13,000원

 친일 영화의 해부학
강성률 지음 | 264쪽 | 값 15,000원

 한국 고대사의 비밀
김은석 지음 | 304쪽 | 값 13,000원

 조선족 근현대 교육사
정미량 지음 | 320쪽 | 값 15,000원

 다시 읽는 조선근대 교육의 사상과 운동
윤건차 지음 | 이명실·심성보 옮김 | 516쪽 | 값 25,000원

 음악과 함께 떠나는 세계의 혁명 이야기
조광환 지음 | 292쪽 | 값 15,000원

 논쟁으로 보는 일본 근대 교육의 역사
이명실 지음 | 324쪽 | 값 17,000원

 다시, 독립의 기억을 걷다
노성태 지음 | 320쪽 | 값 16,000원

 한국사 리뷰
김은석 지음 | 244쪽 | 값 15,000원

 경남의 기억을 걷다
류형진 외 지음 | 564쪽 | 값 28,000원

 어제와 오늘이 만나는 교실
학생과 교사의 역사수업 에세이
정진경 외 지음 | 328쪽 | 값 17,000원

더불어 사는 정의로운 세상을 여는 인문사회과학 사람의 존엄과 평등의 가치를 배운다

밥상혁명
강양구·강이현 지음 | 298쪽 | 값 13,800원

좌우지간 인권이다
안경환 지음 | 288쪽 | 값 13,000원

도덕 교과서 무엇이 문제인가?
김대용 지음 | 272쪽 | 값 14,000원

민주시민교육
심성보 지음 | 544쪽 | 값 25,000원

자율주의와 진보교육
조엘 스프링 지음 | 심성보 옮김 | 320쪽 | 값 15,000원

민주시민을 위한 도덕교육
심성보 지음 | 500쪽 | 값 25,000원
2015 세종도서 학술부문

민주화 이후의 공동체 교육
심성보 지음 | 392쪽 | 값 15,000원
2009 문화체육관광부 우수학술도서

교과서 밖에서 배우는 인문학 공부
정은교 지음 | 280쪽 | 값 13,000원

갈등을 넘어 협력 사회로
이창언·오수길·유문종·신윤관 지음
280쪽 | 값 15,000원

오래된 미래교육
정재걸 지음 | 392쪽 | 값 18,000원

동양사상과 마음교육
정재걸 외 지음 | 356쪽 | 값 16,000원
2015 세종도서 학술부문

대한민국 의료혁명
전국보건의료산업노동조합 엮음 | 548쪽 | 값 25,000원

교과서 밖에서 배우는 철학 공부
정은교 지음 | 280쪽 | 값 14,000원

교과서 밖에서 배우는 고전 공부
정은교 지음 | 288쪽 | 값 14,000원

교과서 밖에서 배우는 사회 공부
정은교 지음 | 304쪽 | 값 15,000원

전체 안의 전체 사고 속의 사고
김우창의 인문학을 읽다
현광일 지음 | 320쪽 | 값 15,000원

교과서 밖에서 배우는 윤리 공부
정은교 지음 | 292쪽 | 값 15,000원

카스트로, 종교를 말하다
피델 카스트로·프레이 베토 대담 | 조세종 옮김
420쪽 | 값 21,000원

한글 혁명
김슬옹 지음 | 388쪽 | 값 18,000원

일제강점기 한국철학
이태우 지음 | 448쪽 | 값 25,000원

우리 안의 미래교육
정재걸 지음 | 484쪽 | 값 25,000원

한국 교육 제4의 길을 찾다
이길상 지음 | 400쪽 | 값 21,000원
2019 세종도서 학술부문

왜 그는 한국으로 돌아왔는가?
황선준 지음 | 364쪽 | 값 17,000원
2019 세종도서 교양부문

마을교육공동체 생태적 의미와 실천
김용련 지음 | 256쪽 | 값 15,000원

공간, 문화, 정치의 생태학
현광일 지음 | 232쪽 | 값 15,000원

교육과정에서 왜 지식이 중요한가
심성보 지음 | 440쪽 | 값 23,000원

인공지능 시대의 사회학적 상상력
홍승표 지음 | 260쪽 | 값 15,000원

식물에게서 교육을 배우다
이차영 지음 | 260쪽 | 값 15,000원

동양사상과 인간 그리고 사회
이현지 지음 | 418쪽 | 값 21,000원

평화샘 프로젝트 매뉴얼 시리즈 학교폭력에 대한 근본적인 예방과 대책을 찾는다

학교폭력 어떻게 만들어지는가
문재현 외 지음 | 300쪽 | 값 14,000원

아이들을 살리는 동네
문재현·신동명·김수동 지음 | 204쪽 | 값 10,000원

학교폭력, 멈춰!
문재현 외 지음 | 348쪽 | 값 15,000원

평화! 행복한 학교의 시작
문재현 외 지음 | 252쪽 | 값 12,000원

왕따, 이렇게 해결할 수 있다
문재현 외 지음 | 236쪽 | 값 12,000원

마을에 배움의 길이 있다
문재현 지음 | 208쪽 | 값 10,000원

젊은 부모를 위한 백만 년의 육아 슬기
문재현 지음 | 248쪽 | 값 13,000원

별자리, 인류의 이야기 주머니
문재현·문한뫼 지음 | 444쪽 | 값 20,000원

우리는 마을에 산다
유양우·신동명·김수동·문재현 지음
312쪽 | 값 15,000원

동생아, 우리 뭐 하고 놀까?
문재현 외 지음 | 280쪽 | 값 15,000원

누가, 학교폭력 해결을 가로막는가?
문재현 외 지음 | 312쪽 | 값 15,000원

남북이 하나 되는 두물머리 평화교육 분단 극복을 위한 치열한 배움과 실천을 만나다

10년 후 통일
정동영·지승호 지음 | 328쪽 | 값 15,000원

선생님, 통일이 뭐예요?
정경호 지음 | 252쪽 | 값 13,000원

분단시대의 통일교육
성래운 지음 | 428쪽 | 값 18,000원

김창환 교수의 DMZ 지리 이야기
김창환 지음 | 264쪽 | 값 15,000원

한반도 평화교육 어떻게 할 것인가
이기범 외 지음 | 252쪽 | 값 15,000원

창의적인 협력 수업을 지향하는 삶이 있는 국어 교실 우리말 글을 배우며 세상을 배운다

**중학교 국어 수업
어떻게 할 것인가?**
김미경 지음 | 340쪽 | 값 15,000원

토론의 숲에서 나를 만나다
명혜정 엮음 | 312쪽 | 값 15,000원

토닥토닥 토론해요
명혜정·이명선·조선미 엮음 | 288쪽 | 값 15,000원

인문학의 숲을 거니는 토론 수업
순천국어교사모임 엮음 | 308쪽 | 값 15,000원

어린이와 시
오인태 지음 | 192쪽 | 값 12,000원

수업, 슬로리딩과 함께
박경숙 외 지음 | 268쪽 | 값 15,000원

언어던
정은균 지음 | 268쪽 | 값 15,000원
2019 세종도서 교양부문

민촌 이기영 평전
이성렬 지음 | 508쪽 | 값 20,000원

감각의 갱신, 화장하는 인민
남북문학예술연구회 | 380쪽 | 값 19,000원